Éditrice : Caty Bérubé
Auteur : Philippe Lapeyrie
Chef d'équipe production éditoriale : Crystel Jobin-Gagnon
Chargée de contenu : Marie-Pier Marceau
Réviseures : Edmonde Barry, Marie-Christine Bédard, Marilou Cloutier (chef d'équipe rédaction et révision), Sophie Lamontagne et Viviane St-Arnaud.
Chef d'équipe production graphique : Marie-Christine Langlois
Conceptrices graphiques : Sonia Barbeau, Sheila Basque, Annie Gauthier, Marie-Chloë G. Barrette, Karyne Ouellet et Josée Poulin.
Styliste vestimentaire : Mélissa Poudrier
Maquilleuse : Marie-Joëlle Dufour
Photographes : Francis Gauthier et Michaël Fournier.
Spécialiste en traitement d'images et calibration photo : Yves Vaillancourt
Collaborateurs : Mario Landry (coordination et photos p. 19, 21, 41, 42, 50, 55, 61, 194, 200, 201, 223 et 230), Mathieu St-Amour, Pascale Labrecque (coordination) et Yannick Beaulieu.

Catalogage avant publication de Bibliothèque et Archives nationales du Québec et Bibliothèque et Archives Canada

Titre : Lapeyrie : bons vins, conseils & anecdotes / Philippe Lapeyrie.
Autres titres : Lapeyrie (Éditions Pratico-pratiques)
Noms : Lapeyrie, Philippe, auteur.
Description : Comprend un index.
Identifiants : Canadiana 20200086499 | ISBN 9782896588848
Vedettes-matière : RVM : Vin. | RVM : Vin—Dégustation.
Classification : LCC TP548.L37 2020 | CDD 641.2/2—dc23

Directeur de la distribution : Marcel Bernatchez
Distribution : Pratico-Pratiques inc. et Messageries ADP.
Impression : TC Interglobe

Dépôt légal : 4e trimestre 2020
Bibliothèque et Archives nationales du Québec
Bibliothèque et Archives Canada
ISBN 9782896588848

Gouvernement du Québec.
Programme de crédit d'impôt pour l'édition de livres – Gestion SODEC

PRATICO ÉDITION

7710, boulevard Wilfrid-Hamel, Québec (QC) G2G 2J5
Tél. : 418 877-0259
Sans frais : 1 866 882-0091
Téléc. : 418 780-1716
www.pratico-pratiques.com

Commentaires et suggestions : info@pratico-pratiques.com

LAPEYRIE

Bons vins, conseils & anecdotes

DÉJÀ mon 10e livre !

PRATICO EDITION

« En vieillissant, le vin devient toujours meilleur… La preuve est que plus je vieillis, plus j'aime le vin ! »

– Phil

Avant-propos

Croyiez-vous vraiment que nous allions faire une 10e édition de notre guide annuel sans vous en donner un peu plus? C'est bien mal nous connaître!

Voici donc une édition nouvelle et entièrement renouvelée de notre bouquin du vin qui souffle, grâce à vous, ses dix bougies cette année.

Au lieu d'avoir seulement une sélection de nos meilleurs moments de dégustation, votre *Lapeyrie* a ajouté de la chair autour de l'os, cette année. Vous y trouverez, comme à l'habitude, des dizaines et des dizaines de flacons qui nous ont accroché un sourire au visage lorsque nous les avons dégustés. Des vins blancs, rouges, rosés, mousseux, liquoreux... Il y en a pour toutes les papilles!

Et c'est quoi ce petit plus, au juste? C'est une cinquantaine de textes «parfumés» d'anecdotes, de conseils, d'histoires, de péripéties... Des textes que j'ai rédigés de façon simple, parfois humoristique, souvent pédagogique, mais aussi et surtout, sans jamais me prendre au sérieux! Donc non, pas de chichis, pas de nez en l'air, pas de trucs protocolaires ni de phrases avec des mots incompréhensibles pour épater la galerie... On n'est pas là du tout! On va plutôt vous guider, vous conseiller, vous aider, vous faire rire, et ce, sans la moindre goutte de prétention. Car après tout, je ne sauve pas de vies, je veux simplement vous faire boire du «bon jus» et vous faire épargner des sous!

Encore cette année, on vous propose une sélection des meilleures cuvées qu'on a dégustées (et recrachées!) sans le moindre retour d'ascenseur publicitaire et commercial, ni de petite tape dans l'dos d'agences de vin ou de vignerons «graisseurs de patte», et encore moins de connivences avec le monopole de la Société des alcools du Québec. On goûte, et quand c'est bon et en bonne quantité dans le réseau de la SAQ, on lève le drapeau en parlant du produit, un point c'est tout. Vous ne trouverez donc aucune publicité dans les pages qui suivent, ni dans aucune autre des neuf éditions précédentes de notre livre. On est des «libres-goûteurs» et on ne doit rien à personne.

Les échantillons goûtés pour la rédaction de ce guide ont été envoyés de façon volontaire par les agences de vin, mais également par différents vignerons. Nous avons procédé à la dégustation de chacun de ces produits dans notre petit laboratoire du Vieux-Port de Québec. Le réputé sommelier Mathieu Saint-Amour et moi avons servi les vins blancs, rosés et effervescents à 10 degrés Celsius, et les rouges à 16 degrés. Nous utilisons toujours un verre Riedel de la série Ouverture pour analyser ces échantillons.

Quand le produit alcoolisé nous plaît, on fait des recherches pour que je puisse écrire à son sujet, et quand ça ne nous plaît pas, le pinard est simplement versé dans le lavabo. C'est pas plus compliqué que ça!

Votre section «Top vins», qui salue les 20 meilleurs rapports qualité-prix-plaisir de l'année, se trouve encore au début du livre, et vers la fin, vous trouverez les dix tops 10 des meilleurs vins (mousseux, champagnes, rosés, vins du Québec, vins de garde, vins de mariage, etc.).

Les recommandations de vins sont accompagnées d'une fiche descriptive comportant un accord mets-vin, une température de service, un temps de conservation en cave, le prix en magasin, un code-barre, le ou les cépages, l'appellation et la sous-région de production, une photo de la bouteille, le sucre résiduel par litre du produit, un temps d'aération en carafe s'il y a lieu... Tout est là, et il ne vous restera qu'à tirer (ou à dévisser!) le bouchon de votre fiole!

Dans la vie, on ne devrait jamais être acquis, mais toujours conquis. Votre *Lapeyrie* s'est donc refait une beauté au grand complet et il s'est mis sur son 36. On vous offre un guide plein de nouveautés, mais également plus fourni, plus gros et plus garni que les «millésimes» précédents.

Un gros merci à vous, les amis, d'avoir mis la main sur notre 10e livre!

Votre marchand de bonheur,

Phil LAPEYRIE

TOP vins

Cette section est présente depuis la toute première édition de notre annuel bouquin du vin. Elle rend honneur aux 20 meilleurs rapports qualité-prix-plaisir de notre année de dégustation. Des produits dignes de mention à enligner en caisse de six ou de douze dans votre réserve personnelle. Selon Mathieu et moi, c'est tout simplement la crème de la crème !

BLANCS

CHAMINÉ, Cortes de Cima
Alentejo, Portugal

PRIX 13,05 $ — **CODE SAQ** 11156238

Il SELESE, I Stefanini
Soave, Vénétie, Italie

PRIX 15,35 $ — **CODE SAQ** 13841431

BUTI NAGES, Michel Gassier
Costières de Nîmes, Rhône, France

PRIX 16,00 $ — **CODE SAQ** 13808682

OREINOS HELIOS, Semeli
Peloponnèse, Grèce

PRIX 16,00 $ — **CODE SAQ** 13571646

OTTO, Pra

Soave, Vénétie, Italie

PRIX 19,95 $

CODE SAQ 11587134

8 032601 850014

KLOOF STREET, Mullineux

Swartland, Afrique du Sud

PRIX 22,85 $

CODE SAQ 12889409

6 009801 291444

MOROGUES, Henry Pellé

Menetou-Salon, Loire, France

PRIX 25,60 $

CODE SAQ 852434

3 453560 101002

ROUGES

MAS DES TOURELLES

Languedoc, France

PRIX 9,25 $

CODE SAQ 11975233

3 760034 420829

CAP AU SUD, Cazes

Languedoc, France

PRIX 13,35 $

CODE SAQ 12829051

3 248847 699354

LES SENTIERS DE BAGATELLE, Simon

Saint-Chinian, Languedoc, France

PRIX 16,60 $

CODE SAQ 642652

0 659264 115434

LA SOLITUDE, Domaine de la Solitude

Côtes du Rhône, Rhône, France

PRIX 16,95 $

CODE SAQ 13612508

CHÂTEAU PELAN BELLEVUE, Moro

Francs Côtes de Bordeaux, Bordeaux, France

PRIX 17,35 $

CODE SAQ 10771407

DOMAINE DE LA CHARMOISE, Henry Marionnet

Touraine, Loire, France

PRIX 17,95 $

CODE SAQ 329532

CHÂTEAU MAYNE GUYON

Blaye Côtes de Bordeaux, Bordeaux, France

PRIX 18,45 $

CODE SAQ 12251317

GALETS ROUGES, Château Mourgues du grès

Costières de Nîmes, Rhône, France

PRIX 18,45 $

CODE SAQ 10259753

PRESTIGE, Château Cailleteau Bergeron

Blaye Côtes de Bordeaux, Bordeaux, France

PRIX 19,65 $

CODE SAQ 919373

GRAN RESERVA, Paniza

Carinena, Aragon, Espagne

PRIX 19,70 $

CODE SAQ 12926661

LES MEYSONNIERS, M. Chapoutier

Crozes-Hermitage, Rhône, France

PRIX 27,95 $

CODE SAQ 10259876

COUDOULET DE BEAUCASTEL, Perrin

Côtes du Rhône, Rhône, France

PRIX 29,35 $

CODE SAQ 973222

SYRAH LES CÔTES DE L'OUEST, Domaine de la Terre Rouge

Sierra Foothill, Californie, États-Unis

PRIX 29,85 $

CODE SAQ 897124

Histoires, anecdotes & opinions

Un bouquin en cadeau a changé ma vie

Durant la période des Fêtes de l'année 1998, ma maman Michèle glissa dans mon bas de Noël *Le guide du vin* de Michel Phaneuf. Sans même se douter de quoi que ce soit, ma mère venait de déclencher en moi quelque chose qui allait totalement changer ma vie… Ce livre, combiné à mon inscription au DEP en Service de la restauration, alluma (solidement!) en moi une grandissante passion pour le jus de raisin fermenté. Et ce n'était que «la pointe de l'asperge»…

Cette bible du vin annuelle de Phaneuf a donc été en quelque sorte «l'eurêka» ou la bougie d'allumage de ce qui allait m'amener tout doucement vers mon boulot de sommelier, d'enseignant en sommellerie et de chroniqueur vin. Rapidement, en lisant son bouquin, j'ai été séduit par la justesse des propos, l'impartialité des commentaires de dégustation ainsi que la formidable plume de ce talentueux auteur québécois. Ses écrits m'ont rapidement fait tomber en amour avec ce fantastique métier de marchand de bonheur.

À peine âgé de sept ou huit ans, dans ma famille à Calvi, dans le nord-ouest de la Corse, je «vendangeais» mes premières grappes de muscat. Disons que je mangeais pas mal plus de raisins que j'en récoltais, mais bon! Déjà à l'époque, ce domaine me fascinait, m'intriguait. Je posais énormément de questions à Pierrot, mon grand-oncle, ainsi qu'à Francis, mon grand-papa, qui me répondaient toujours candidement et patiemment. J'étais déjà très curieux, et la curiosité est, selon moi, la plus belle qualité à avoir si l'on veut réussir dans le merveilleux monde du vin.

Je tiens aussi à lever mon verre pour exprimer ma reconnaissance à l'endroit de l'émission de télévision *Vins et fromages*, qui aura été diffusée pendant plus d'une douzaine d'années. Je ne la manquais que très rarement! D'ailleurs, des dizaines de cassettes VHS de cette pédagogique émission se trouvent encore chez moi, dans le grenier. Que voulez-vous, je suis un total groupie, et je l'assume pleinement! On y voyait de captivants sommeliers comme François Chartier, Jacques Orhon et Jules Roiseux, ainsi que des animateurs hyper épicuriens, tels que Francis Reddy et Gaston L'Heureux, présenter des vins et donner des conseils de service et de dégustation. Ils se baladaient à travers les différents terroirs de la planète vin à la rencontre de dizaines de vignerons. C'était tout simplement génial comme *show* de télé!

Par la suite, en travaillant en restauration, j'ai fait la rencontre fortuite de plusieurs tops sommeliers et sommelières qui m'ont grandement inspiré. Je pense à Alain Bélanger, Ghislain Caron, Véronique Rivest, Stéphane Leroux, Maude Lambert, Ange Forcherio, Alain Rochard, André Côté… Ces derniers m'ont donné une véritable «piqûre» pour les différentes facettes du vin. Sans trop s'en rendre compte, ces passionnés m'ont ouvert les yeux sur ce que je voulais devenir dans la vie, et je les en remercie immensément!

Au cours des dernières années, les nombreuses heures d'étude et de lecture, les différents concours de sommellerie, les multiples voyages ici et là sur la planète vin, les enrichissants échanges et rencontres avec les vignerons ainsi que les dégustations en rafale de milliers de produits alcoolisés ont nourri ma curiosité irrassasiable pour tout ce qui entoure la dive bouteille. Et vous savez quoi? Vingt-et-un ans après mes tout débuts, je me rends compte que plus j'en sais, plus je sais que je ne sais... rien! À 46 ans, je reste un éternel «petit beaujolais nouveau» qui a une «soif» d'informations sans fond. Je veux toujours en savoir plus sur les mille et une facettes de ce fascinant monde du vin.

Dans ce domaine, le jour où tu penses que tu sais tout, tu peux simplement retourner chez vous! «Être sommelier, c'est le métier d'une vie», disait le grand Jules!

Philippe en pleine analyse.

Je suis un « CRACHEUR » !

Le fait qu'un chroniqueur vin ou un sommelier déguste 30, 40 ou 50 échantillons de produits alcoolisés dans la même journée peut paraître assez «spécial», voire inusité pour le commun des mortels. Beaucoup de gens me demandent: «Comment tu fais pour te souvenir de tout ça et ne pas perdre la tête en goûtant tous ces vins-là?» C'est assez simple: je prends des notes, mais aussi, et surtout… je ne les avale pas, je les recrache!

Le marathon «dégustation-rédaction» de mon guide annuel et la préparation de mes différentes chroniques me font déguster grosso modo 2 000 vins (en plus de bières, de cidres et de spiritueux) chaque année. Ça représente la dégustation d'une quarantaine, voire d'une cinquantaine de vins par jour, à raison de deux à trois jours par semaine. Le sommelier Mathieu Saint-Amour – qui est un de mes précieux collaborateurs – et moi ouvrons et dégustons ces bouteilles entre 8 h le matin et midi. Puis, en après-midi, je transcris mes impressions de dégustation à propos des flacons qui nous ont offert plaisir et satisfaction. Quand on n'aime pas, on n'en parle pas, c'est aussi simple que ça.

Le matin, nos sens sont aux aguets et ils sont bien stimulés; c'est un moment qui est fort propice à la dégustation. Le contraire serait par exemple d'essayer de faire une bonne analyse organoleptique en début d'après-midi, après avoir mangé une grosse portion de lasagne ou un steak-frites… Oufff! Ce serait beaucoup moins évident! Alors oui, en un avant-midi, nous pouvons déguster de 40 à 50 produits différents. On se rend même jusqu'à 60-70 vins quand on goûte des vins blancs, mais aussi lors de nos voyages de presse. Il y a bien sûr un certain crescendo à respecter, alors on n'ouvre pas toutes les fioles pour les goûter de façon aléatoire, ici et là. On commence par les plus légers, les moins boisés, les plus souples et Cie avant de déguster les vins plus structurés et tanniques. Nous réservons deux jours par semaine aux rouges et une journée par semaine aux blancs. Nous nous servons les blancs, les mousseux et les rosés à 10-11 degrés Celsius. Les rouges sont quant à eux versés à 16-17 degrés Celsius. On déguste et on décortique tous nos vins dans un verre à dégustation Riedel de la série Ouverture.

Nul besoin de vous dire que nous n'avalons pas tous ces produits. On les analyse sur les plans visuel, olfactif et gustatif, puis on donne notre appréciation d'ensemble en recrachant bien sûr tous ces alcools. Eh oui, on perçoit aussi bien les saveurs et les arômes d'un vin, même si on ne l'avale pas, et en plus, on garde notre tête bien fraîche pour pouvoir ensuite donner un bon descriptif des bouteilles que nous avons aimées.

Quelques experts en dégustation goûtent encore plus d'échantillons en rafale que Mathieu et moi. Je pense notamment au critique américain Robert Parker qui, dans ses bonnes années, était apte à décortiquer et à analyser pas moins de 90 vins quotidiennement. Notre sommelière «bionique», Véronique Rivest, affirme aussi parfois déguster plus ou moins 80 produits dans la même journée. On appelle ça avoir du «vin sur la planche»!

Notre histoire ne fait que commencer !

Élaborer un bon vin nécessite de nombreux éléments favorables. Un terroir propice, des hommes et des femmes ayant un savoir-faire, des pieds de vigne âgés de quelques années, un brin de générosité de dame Nature, mais aussi et surtout… du temps ! Il est important de comprendre qu'un bon cru ne se fait pas en claquant des doigts ou en criant « syrah » !

Prenez par exemple la réputée famille italienne Frescobaldi en terroir toscan. Celle-ci travaille la vigne depuis plus de 700 ans. Ça représente pas moins de 31 générations qui se sont succédé à travers les siècles, alors imaginez ! Vous voulez d'autres chiffres impressionnants ? Cette famille possède un total de 1200 hectares de vignes dans les enivrantes collines de la Toscane et embouteille plus de 10 millions de bouteilles de vin annuellement. Dans ce cas-ci, quantité rime avec qualité, car jamais une fiole signée des Frescobaldi ne m'a laissé sur mon appétit !

On pourrait aussi nommer la notoire famille Torres, qui met en bouteille des dizaines de millions de flacons de vin et de spiritueux par année dans trois pays différents.

Il y a également les Hugel, qui vinifient avec amour, passion et conviction à Riquewihr, en

terroir alsacien, depuis 1639! Citons aussi les Antinori, qui sont établis depuis 1385 en Italie, et le domaine Burg Ravensburg, présent dans le sud-ouest de l'Allemagne depuis 1251, pour n'en nommer que quelques-uns.

En plus des artisans qui sont présents sur la scène viticole depuis des siècles, il y a des gros joueurs dans cette industrie, notamment la marque mondialement reconnue de Mondavi ainsi que les nombreux vignobles des Rothschild, du géant Concha y Toro au Chili, et j'en passe...

Pourquoi je vous donne toutes ces statistiques? C'est simple: ça m'exaspère au plus haut point lorsque j'entends les vignerons québécois et ontariens se faire lapider de préjugés (souvent non fondés!) par des gens qui croient que notre patrimoine canadien est juste un bon endroit pour faire de la motoneige et mettre en canne de bons sirops d'érable... Des ouï-dire, des «J'ai entendu dire qu'on ne fait pas de bons vins rouges, qu'il fait trop froid, que notre été n'est pas assez long...». On oublie une chose très importante: on a une quarantaine d'années d'histoire viticole au Québec, alors qu'on façonnait déjà la vigne il y a plus de 26 siècles près de Marseille dans le sud de la France... Notre «tradition» n'est assurément pas la même que la leur! Nous comptons grosso modo une centaine de vignobles dans la province, ce qui représente environ 500 hectares de vignes. C'est anecdotique comme production, même si la plantation de nouveaux ceps est de plus en plus répandue.

Soyons patients et comprenons bien qu'une certaine «histoire/tradition» commence tout doucement à s'installer. Certains produits locaux sont épatants, et selon moi, ce n'est que la «pointe de l'asperge», car le meilleur reste à venir!

Ahhh, cette phobie du sucre dans le vin !

J'ai le plaisir d'animer une soirée de dégustation à peu près toutes les semaines et je me rends également dans des salons et autres festivals de vins de façon mensuelle. Des amoureux du vin, j'en rencontre, et pas à peu près dans une année ! En échangeant avec les invités présents dans ce genre d'événements, très souvent les gens me font part de leur avis sur les vins qui contiennent de bonnes quantités de sucre résiduel. On semble les craindre, les fuir, ne pas les apprécier, et pourtant...

Des affirmations du grand public comme : « Moi, les vins sucrés, chu pu capable ! », j'en entends à profusion au quotidien. Pourtant, quand on regarde le palmarès des best-sellers en SAQ, on s'aperçoit rapido que de nombreux produits de cette liste contiennent de généreuses quantités de sucre résiduel. Le Liano en contient près d'une douzaine de grammes, l'Apothic Red presque 18 grammes, le Merlot Grand Sud une dizaine, et le californien White Zinfandel de Gallo frôle les 40 grammes de sucre résiduel par litre. Ils sont sucrés en ciboulot et ils figurent malgré tout assez souvent dans le top 10 ou 20 des vins les plus achetés à la SAQ. Dans le fond, les consommateurs de vin au Québec ne doivent pas avoir peur du sucre tant que ça !

Est-ce que le taux de sucre est inscrit sur la bouteille ? À très peu d'exceptions près, non. Par contre, depuis quatre ou cinq ans, le site Web du monopole nous l'indique. En cliquant sur la fiche d'un produit, vous obtenez le ou les cépages, le pourcentage d'alcool, le taux de sucre, l'agence qui le représente au Québec et d'autres infos sur la bouteille en question.

Je compare souvent les vins sucrés à des émissions comme *Occupation Double*. Tout le monde affirme ne jamais regarder cette télé-réalité, et pourtant, celle-ci atteignait dans ses belles années grosso modo 1,5 million de cotes d'écoute ! Même son de cloche pour les Carnivor, Ménage à Trois, Apothic Red et Wallaroo Trail. Personne ne dit en boire, alors que ce sont les plus gros vendeurs... C'est assez bizarre, non ?!

Ces types de vin ne se retrouvent pas dans mon verre à dégustation lors d'un samedi soir entre amis, mais jamais je ne lèverai le nez sur eux pour autant. À mon avis, ces vins doivent rester sur les tablettes des 400 succursales de la SAQ des quatre coins de la province. Pourquoi ? La réponse est simple : la plupart des gens qui font leurs premiers pas vers le jus de raisin fermenté débutent avec des vins commerciaux ayant de basses teneurs en acidité et une bonne dose de sucre, comme ceux-ci. Par la suite, ils orienteront davantage leurs choix vers des vins plus secs (moins sucrés), qui reflètent davantage ce que peut être la « notion du terroir ».

Ne soyez donc pas gênés de dire ce que vous aimez et ce que vous buvez, car personne ne devrait juger vos goûts en matière de consommation de vin.

Une bouteille d'un quart de siècle à 15 $

J'entretiens une amitié forte et assez unique avec un gaillard qui se nomme Sean Yates. C'est mon meilleur ami et nous nous connaissons depuis l'âge de six ans. Il habite avec sa famille à North Hatley dans les Cantons-de-l'Est. Tous les mois, je débarque chez lui avec quelques bonnes bouteilles et on passe des soirées formidables ensemble. L'hiver dernier, nous y étions pour un souper. En fin de soirée, les bambins étaient au lit, il était presque minuit et notre hôte me dit : « Allez ! Gâte-nous et va chercher une dernière quille dans mon cellier au sous-sol ! » Vous aurez deviné qu'il n'a pas eu besoin de me tordre un bras pour me convaincre... Par contre, je ne suis pas du genre à profiter du fait que ce vieux chum d'enfance me donne carte blanche. Non, votre marchand de bonheur ne tirera pas le bouchon d'un « grand cru » de cette réserve qui n'est pas la sienne, et encore moins à cette heure-là !

Je fouille d'une tablette à l'autre dans son cellier qui est « plein au bouchon » dans le but de dénicher une fiole qui va surprendre les copains, mais qui va aussi suivre le crescendo des autres flacons auxquels on a rendu honneur plus tôt en soirée. J'aimerais bien arrêter mon choix sur un cru à point qui est prêt à être bu et qui aura quelques millésimes « sous le capot ».

Eurêka ! Une cuvée du superbe millésime 1995 est devant moi ! Pas un divin côte-rôtie du Rhône septentrional, pas un anthologique cru classé de la commune de Margaux, pas un multidimensionnel super toscan comme un Masseto ou un Sassicaia. Non ! Juste un modeste rouge ibérique en appellation Valdepeñas affichant la mention de vieillissement « Gran Reserva ». Je parle ici du très connu Laguna de la Nava de Navarro López à 15,80 $ (902965). Un produit régulier qui est offert dans toutes les succursales SAQ de la province de Québec à longueur d'année. Vous savez, l'étiquette avec le dessin d'un canard? C'était lui, pas le millésime actuellement en vente sur nos tablettes, mais bien un 1995! Un 100 % tempranillo de tout près de 25 ans d'âge et, je le répète, à seulement... 15 huards!

Il fait quoi avec ce pinard qui sera sûrement à bout de souffle à son ouverture? Pourquoi a-t-il conservé ça aussi longtemps? Est-ce qu'il y aurait des chances qu'il soit encore buvable même après une attente de tout près d'un quart de siècle? Tant par curiosité que pour assouvir mon côté taquin en leur servant un verre en dégustation «à l'anonymat» pour les dérouter, je m'empresse de prendre la bouteille et de la cacher dans un bas de laine pour leur servir.

La plus grande surprise, ce n'est certainement pas eux qui l'ont eue, c'est moi! Le produit se dégustait encore très bien, et malgré le fait qu'il n'était pas d'une jeunesse épatante, son acidité était encore au rendez-vous et le vin «en avait encore long à dire». Sa coloration aux reflets tuilés annonçait un produit assez évolué. Le bouquet offrait des notes de pruneaux, de figues, de sucre brun, de bois humide, de boîte à cigares... Les tanins étaient passablement fondus, mais le vin avait encore de la fraîcheur. Bref, il était étonnamment bon. Par contre, il fallait être rapide, car moins d'une heure après son ouverture, il a commencé à tourner au vinaigre et l'oxydation a pris la place du goût fruité, qui s'est rapidement estompé.

Le Titanic n'aurait peut-être pas coulé...

Une des plus spectaculaires catastrophes maritimes de l'histoire, soit le naufrage du navire Titanic dans les eaux glaciales de l'Atlantique, est maintenant plus que centenaire. En effet, c'est le 15 avril 1912 que le monstre d'acier de plus de 46 000 tonnes, supposément insubmersible, s'est noyé dans l'océan au large de Terre-Neuve. Depuis, il se détériore petit à petit à plus de 3 800 mètres de profondeur dans le fond de la mer. Je n'ai pas besoin de vous raconter l'histoire en entier, puisque le réalisateur James Cameron a déjà immortalisé les images du paquebot naufragé dans l'oscarisé film *Titanic*, mettant en vedette Leonardo DiCaprio.

Le violent contact avec l'iceberg aurait-il pu être évité ? C'est en scrutant un livre de l'auteur Graham Harding que je suis tombé sur ce juteux et intrigant sujet... Suivez-moi !

Vous connaissez probablement le mythe ou la coutume consistant à faire éclater une bouteille de champagne sur la coque d'un navire avant sa première sortie en mer afin de porter chance : un « baptême de mer », comme l'explique si bien M. Harding. Selon la tradition, un énorme format d'une de ces bouteilles de vin effervescent est fracassé sur le navire de façon festive avant son départ, ce qui aurait pour but d'assurer la sécurité des passagers et des membres de l'équipage pendant le voyage en mer.

L'histoire raconte que les employés de la compagnie White Star Line qui s'occupaient du mythique navire ne se seraient pas souciés de ces mœurs.

Illustration du Titanic: Shutterstock

Ils laissèrent donc le Titanic quitter le port de Southampton, dans le sud de l'Angleterre, sans lui offrir l'apéro… On connaît la suite catastrophique de cette malheureuse croisière qui a fait plus ou moins 1 500 morts.

Même son de cloche lors de l'inauguration, en 2000, de l'Aurora de la compagnie P&O Cruises, sur lequel la bouteille n'aurait pas explosé du premier coup. Le navire aurait ensuite été victime de nombreuses avaries. Il y a quelques années, un autre bateau de croisière qui transportait un grand nombre de passagers se retrouva en panne au large de Southampton, à la suite d'un problème technique. Dans son cas également, la bouteille n'avait pas éclaté lors de son inauguration… Pour la durée de la panne, tous les occupants du navire eurent accès au bar gratuitement et à volonté : pas moins de 9200 bouteilles de vin, 9000 bières ainsi que 7250 cocktails furent servis… La croisière a dû bien s'amuser, comme on dit !

Est-ce une coutume de charlatan à ignorer, un mythe banal ancré dans la superstition (plutôt coûteux, comme mythe !) ou une croyance extravagante non fondée ? Il s'agit en tout cas d'une technique peu écologique, à moins de prendre soin de ramasser le verre éclaté dans les eaux du port où est accosté le navire après le « baptême de mer »…

Non, je ne suis pas un critique de vin

L'année dernière, Alain Laliberté, un collègue de Toronto que j'apprécie beaucoup, a posé la question suivante sur sa page Facebook: «Est-ce que les critiques de vin devraient commenter les vins à éviter?» Ça lui a valu des dizaines et des dizaines de commentaires de gens de l'industrie du vin, mais également du grand public. Vous en pensez quoi, vous, précieux lecteurs? Est-ce que les chroniqueurs vin devraient commenter les vins qu'ils n'aiment pas?

Je ne me considère vraiment pas comme un critique de vin, mais bien comme un chroniqueur vin. Un critique, ça critique, non? Un critique de cinéma nous dira s'il a apprécié un film ou non. Il en va de même pour un critique culturel, littéraire ou culinaire... La personne nous explique son appréciation, qu'elle soit positive ou négative, en offrant son point de vue dans une tribune.

Est-ce que j'aime tous les produits que je déguste? Pas vraiment, non! Pour vous donner un exemple, Mathieu et moi analysons une cinquantaine de cuvées différentes en un avant-midi. De ce nombre, seulement cinq ou six se retrouveront dans un de mes segments à la radio, à la télé, sur mes réseaux sociaux ou dans une tribune écrite.

De nombreuses bouteilles dégustées ne sont pas à la hauteur; certaines nous ont fait faire la grimace, d'autres n'étaient tout simplement pas offertes en assez grandes quantités pour être présentées. Bref, on essaie de filtrer la crème de la crème et de vous dénicher les meilleurs flacons qui sont vendus sur les tablettes du monopole. C'est mon emploi depuis près de 20 ans: trouver des bonnes fioles à bon prix pour les Québécois, et ce, de façon totalement impartiale et indépendante. C'est fort gratifiant, et j'adore ça!

Pourquoi je ne parle jamais des vins que je n'aime pas? J'ai pour mon dire qu'un mauvais vin, c'est comme une mauvaise personne: on n'en parle pas, on passe à autre chose et on la laisse derrière nous. Pourquoi perdre son temps en étant négatif? Pourquoi se servir d'une tribune pour rabaisser le travail d'un vigneron? Pourquoi tel ou tel produit ne plairait-il pas à d'autres papilles que les miennes? Les goûts ne se discutent pas et, de toute façon, on a tous des goûts différents. Je ne bois pas de vins commerciaux, sucrés, peu acides et bourrés de copeaux de bois. Pourtant, si vous consultez le top 10 des vins les plus vendus au Québec, vous verrez que ce type de produits assez «technos» garnit fort bien cette liste de best-sellers... Est-ce que je lève le nez pour autant sur ces vins? Pas du tout, car il y a un marché pour ce genre de produits, et déguster ce type de produit est une excellente façon de faire ses premiers pas vers la dive bouteille.

J'aime mieux voir le verre de vin à moitié plein plutôt qu'à moitié vide, rester dans le positif et la bonne humeur. Après tout, je suis un marchand de bonheur! Il y a aussi le fait que, si vous me suivez et me lisez, c'est que vous que voulez en apprendre un peu plus sur le vin, mais aussi, et surtout... que vous voulez avoir des «bonnes» suggestions de bouteilles et non pas des «mauvaises»!

Dégustation « à l'anonymat » : j'adore !

Beaucoup de gens croient à tort qu'un bon sommelier devrait être apte à trouver à tout coup le lieu d'origine, le ou les cépages, le millésime et la valeur d'un vin en le goûtant « à l'anonymat » – vous savez, ce qu'on appelle « la dégustation à l'aveugle » ? Il faut avouer que c'est un « jeu » sympa, mais, à mon avis, être un bon marchand de bonheur, ça va un peu plus loin que ça...

J'adore déguster un produit en toute impartialité sans savoir « à qui j'ai affaire » et « qui est dans mon verre » ! On juge alors le vin pour ce qu'il est et pour le plaisir qu'il nous offre, c'est tout. Sans point de repère et avec un seul juge : son pif ! On oublie la hiérarchie de son classement (si hiérarchie il y a !), sa valeur monétaire, la qualité de son année de récolte, la réputation de son producteur...

À l'inverse, je prends également un taquin plaisir à servir aux copains du vin des produits cachés dans un bas de laine ou versés dans une carafe. Surtout des bouteilles qui sont souvent décriées, dénigrées et critiquées avant même d'être goûtées, comme les vins du Québec, un muscadet de la vallée de la Loire, un rouge du Beaujolais ou même un cru ibérique à tout petit prix.

Il s'agit, selon moi, d'une très bonne façon de laisser tomber les préjugés et de rendre justice à une fiole qui se serait probablement fait lapider si je l'avais présentée avant de la faire déguster.

C'est donc très bien, de temps à autre, d'être « solidement dans l'champ » en croyant être en présence d'un madiran ou d'un cahors du sud-ouest de la France, alors que le vin est finalement issu de Mendoza, en Argentine, par exemple ! Disons que ça nous remet les deux pieds sur terre et l'humilité à la bonne place quand la fiole provient d'un terroir situé à plus de 11 000 kilomètres de distance par rapport à celui que l'on croyait avoir deviné... Oufff ! Cette forme de dégustation demande donc une bonne dose de modestie.

En débouchant un cru mythique issu d'un millésime d'anthologie, on crée une sorte de stimulus aux dégustateurs présents. On croit à tort que l'on touchera le ciel, et ce, peu importe si le vin est bon ou pas. Même chose si je tire le bouchon d'un pinard d'entrée de gamme en disant qu'il coûte seulement 9 ou 10 $: les gens le trouveront probablement maigrichon et sans grandes vertus avant même de le humer et de le prendre en bouche.

On fait donc quoi pour devenir plus « ferré » en dégustation « à l'anonymat » ? Il faut débuter en enrichissant notre mémoire olfactive, en mettant notre nez partout ! Pensez à toutes les fois où vous êtes arrivés à un endroit en disant que ça sentait la cuisine de votre maman, quand vous étiez haut comme « trois grappes ». Notre organe nasal a une mémoire exceptionnelle, mais pour bien développer cette dernière, il faut la faire travailler,

Photo dégustation à l'aveugle : Shutterstock

l'exercer, la pratiquer et prendre le temps de sentir le maximum d'ingrédients, d'aliments, de fleurs, d'épices… Ces arômes resteront par la suite gravés dans votre mémoire olfactive.

Prenez des notes quand vous dégustez un vin, faites des associations entre les vins et les aliments, sentez, goûtez, savourez… Soyez gourmands, soyez curieux!

« La » soirée canadienne

Votre marchand de bonheur est un gars festif et vachement rassembleur. J'aime retrouver ma *gang* pour manger, tirer sur quelques bouchons et faire la fête. On se réunit avec une demi-douzaine de copains d'enfance pour festoyer autour d'une table bien garnie, rigoler et se remémorer de vieux souvenirs. Des amis et du bon vin, c'est tellement ça, la vie !

Le lendemain matin de l'une de ces amusantes soirées, en faisant le ménage pour ramasser les « vestiges » de celle-ci, nous avons eu une bien agréable surprise : sans trop nous en rendre compte, la veille, presque toutes les bouteilles que nous avions dégustées étaient canadiennes. Des cuvées de la Colombie-Britannique, de la péninsule du Niagara, du comté de Prince Edward et des Cantons-de-l'Est.

Sur la table, on pouvait retrouver : une fiole de l'élégant, fin et rassasiant pinot noir de Quails' Gate de la vallée de l'Okanagan, un goûteux et savoureux cabernet franc du vignoble Grange of Prince Edward du comté de Prince Edward, en Ontario, une tendue et nette cuvée faite de vidal et de seyval de l'Orpailleur à Dunham, en Estrie, un tout simplement délicieux cabernet franc de Tawse, à Niagara, ainsi qu'un racé et fort réussi pinot noir de Thomas Bachelder, également de la zone viticole du Niagara, en sol ontarien. Pas de grand cru bordelais, pas de super toscan, pas de riesling germanique, pas de cabernet de la célèbre vallée de Napa… Juste du vin canadien, juste du « bon jus » canadien !

Est-ce qu'en 1998-1999, en effectuant mes premiers pas vers le merveilleux monde du vin, je pensais un jour me régaler en buvant une sélection de bons crus 100 % « *made in Canada* » ? Euh… Pas vraiment, non ! On est pourtant rendus là, les amis. Nous sommes en 2020, et il faut se débarrasser de nos œillères et faire tomber nos préjugés pour s'apercevoir qu'au cours de la dernière décennie, notre pays a fait un pas de géant en matière de production de vins de qualité.

Comprenez-moi bien, je ne suis pas en train d'affirmer que tous les produits alcoolisés qui sont élaborés chez nous provoqueront une génuflexion ! Comme ailleurs sur la planète vin, il y a du très bon, du bon, du moins bon et du vraiment pas bon. On a tous déjà goûté à de douteux et squelettiques pinards qui nous ont fait faire la grimace et qui étaient pourtant issus de « grands terroirs » de ce monde…

De toute façon, j'aurais beau essayer de vous persuader de la qualité grandissante des vins canadiens qui sont offerts à la SAQ – et également via l'importation privée –, il n'y a rien de mieux que d'en goûter quelques-uns pour vous prouver qu'il en existe d'excellents, et pas seulement cinq ou six. Car après tout, votre « pif » et vos papilles demeurent les meilleurs juges pour vous en convaincre, les amis !

Les maudits vendredis 13 !

Vous êtes superstitieux? Vous faites gaffe à vos actions ainsi qu'à vos déplacements tous les vendredis 13? Vous évitez les chats noirs, les passages sous un escalier et les bris de miroir, vous n'ouvrez pas de parapluie dans la maison, vous cherchez des trèfles à quatre feuilles, vous touchez du bois, vous avez toujours un fer à cheval à portée de main? Que vous soyez superstitieux ou non, que ce jour soit pour vous béni ou bien maudit, on peut affirmer que personne ne reste indifférent aux vendredis 13!

Quelle est la date du naufrage du tristement célèbre Costa Concordia en Méditerranée près des côtes italiennes? Le vendredi 13 janvier 2012. Quelle date l'avion de l'équipe de rugby des Old Christians de Montevideo s'est-il écrasé dans la cordillère des Andes entre le Chili et l'Argentine (événement qui a été immortalisé avec le très célèbre film *Les Survivants*)? Le vendredi 13 octobre 1972.

Nombre d'hôteliers y croient tellement qu'ils n'ont même pas de chambre ou d'étage numéro 13 dans leur établissement. Des restaurateurs superstitieux n'ont même pas de table numéro 13 dans leur salle à manger. C'est sans oublier le fait que plusieurs compagnies aériennes n'ont pas non plus de rangée 13 dans leurs avions… La liste pourrait s'allonger, mais on va revenir à nos moutons et parler un peu de vin!

Lors d'un voyage en amoureux en Italie, ma belle Beauceronne et moi avions acheté une superbe fiole de Brunello du Montalcino. Le précieux flacon a par la suite effectué une sieste de presque 10 ans en cave, jusqu'au jour où nous avons décidé de lui tirer le bouchon dans un resto «Apportez votre vin» à l'occasion d'une romantique soirée en tête-à-tête à Sherbrooke, en Estrie. Croyez-le ou non, la bouteille était complètement bouchonnée à son ouverture et nous étions… un maudit vendredi 13!

On peut aussi retourner trois ans en arrière, alors que j'effectuais le ménage de mes crus dans le garage à la maison. Thomas et Théo, mes fistons, jouaient tranquillement ensemble au ballon. Il y avait des flacons ici et là et je leur avais bien dit de faire attention pour ne pas faire un «abat» à travers les «quilles» que j'essayais de placer par régions et types de vin. Ce qui devait arriver arriva… Boum! D'un coup de pied, le ballon s'est retrouvé «dans l'tas» et en a fait éclater une! Laquelle? La plus chère de mes bouteilles de porto, un Tawny 40 ans de la maison Taylor Fladgate à… 250 douilles l'unité! Une larme à l'œil, j'ai donné 2-3 coups de langue sur le plancher en ciment de mon garage aspergé de vin muté. C'était le vendredi 13 octobre 2017…

Vous n'y croyez toujours pas? Alors, dites-moi une chose: le mot «superstitieux», lui, il a combien de lettres? À vous de compter, les amis…

Le métier de sommelier, ça ne touche pas que le vin !

On croit, à tort, que les tâches d'un sommelier se limitent à goûter, à sélectionner et à proposer des vins à des clients dans un restaurant ou dans un établissement hôtelier. Disons que ça va un peu plus loin que ça...

La sommellerie touche de multiples facettes. Le vin, bien sûr, mais également les huiles d'olive, les cafés, les thés, les fromages, les cigares, les cidres, les eaux-de-vie, les bières (et même les eaux!). Vous êtes surpris? Un sommelier se doit d'avoir une base et de bonnes connaissances à propos de ces produits, car en plus de faire les achats de vins dans un restaurant, un hôtel ou une auberge, il doit également s'occuper de suggérer aux convives des choix de fromages, de tisanes, de cigares, etc. Alors non, un sommelier n'est pas seulement une personne qui déguste, achète et conseille des vins!

Pour rendre la chose encore plus complexe, un sommelier doit bien sûr essayer de mémoriser les dizaines de cépages du monde entier, les régions et pays producteurs de vin, les principaux vignerons, la qualité des millésimes... Vous croyez que c'est tout? Eh bien, non! Il doit également avoir de bonnes connaissances en géographie ainsi qu'en histoire. L'amoureux du vin devra alors passer de nombreuses heures dans ses bouquins et sur des sites Web pour en savoir plus sur tous les éléments du merveilleux monde des alcools et des autres produits cités ci-haut. C'est «triste», mais il devra également voyager dans les diverses zones vitivinicoles du globe, car rien n'est plus enrichissant que d'échanger avec les artisans du vin! En effet, rencontrer les vignerons sur leur «terrain de jeu», c'est primordial. Il est aussi recommandé de fréquenter les salons, les festivals ainsi que tout autre évènement de dégustations. Un sommelier rencontre des agents de vins, des travailleurs de la SAQ et des vignerons. Il a la chance de déguster de multiples produits en rafale tout en échangeant avec ces personnes, pour en savoir toujours davantage et se tenir à jour.

Ce qui me mène au point suivant: un bon marchand de bonheur (le sommelier est un marchand de bonheur, non?) doit aussi savoir fidéliser son client tout en encourageant une consommation responsable (en offrant de l'eau, par exemple). Les gens qui lèvent le coude ou qui ne recrachent pas pendant les dégustations seront vite ébranlés par l'alcool, perdant ainsi leur faculté d'analyse et leur bon jugement des produits en dégustation. Vous goûtez autant le vin en le recrachant! Je suis moi-même un bon vivant, mais toute bonne chose a un moment et un endroit pour se faire. Je ne connais aucun sommelier aux «tendances alcooliques» qui s'est rendu ben ben loin...

En résumé, il faut se rappeler que la sommellerie, c'est beaucoup plus que le vin, et qu'un bon sommelier est travaillant, curieux, sobre et humble, car notre métier est peut-être non traditionnel, mais il n'est pas plus noble qu'un autre. Comme on dit: je ne sauve pas de vies et je n'opère pas à cœur ouvert! Je présente au meilleur de mes connaissances et de façon simple le travail d'un vigneron ou d'une vigneronne. Alors, on «slaque» le pétage de broue et les grands mots à coucher dehors pour épater la galerie, S.V.P.!

Le travail, la curiosité, la sobriété et l'humilité sont, selon moi, les quatre mots-clés pour réussir dans l'un des plus beaux métiers du monde, soit celui de sommelier.

Mes papilles vieillissent

On déguste des centaines de vins annuellement, Mathieu St-Amour et moi, parfois tout près de 2000 vins. En un avant-midi, on peut analyser en rafale jusqu'à une soixantaine de produits. Depuis les trois ou quatre dernières années, je me suis rendu compte que je vieillissais… Perte de mémoire, surdité, manque de réflexes ? Non, pas du tout ! Je suis plus en forme à 46 ans que je l'étais dans ma jeune trentaine ! Je dis que je vieillis dans le sens où je constate que mes goûts en matière de vin ont totalement changé depuis quelques années. Mes papilles vieillissent-elles ? Peut-être que oui ; du moins, elles savent pas mal plus ce qu'elles aiment, mais aussi ce qu'elles n'aiment plus !

L'un des meilleurs exemples est le fait que pendant tout près d'une décennie, j'ai louangé et salué les vins rouges de l'Espagne, et ce, de façon assez fréquente sur différentes tribunes. Des rapports qualité-prix-plaisir remarquables, des vins goûteux, mûrs, généreux… Mais après des journées complètes à analyser des centaines de produits de la péninsule ibérique (Espagne et Portugal) pour les marathons de dégustation de notre guide du vin, je me rends de plus en plus compte que de nombreux rouges espagnols sont beaucoup trop boisés à mon goût. Intenses arômes de vanille, de caramel, de noix de coco, de *butterscotch*… Et ça, c'est de moins en moins ma « tasse de thé ». Je ne les mets pas tous dans le même panier toutefois, car ce pays élabore également de merveilleux flacons, à mon goût.

Même son de cloche pour les thématiques de dégustation d'avant-midi autour des vins sud-africains, chiliens, australiens ou argentins. On déniche souvent de petites perles qui nous accrochent le sourire au visage, mais ces cuvées ne se trouvent habituellement pas en grande quantité sur les tablettes en succursale. Plusieurs vins de ces pays figuraient dans mes favoris à la fin des années 90 et au début des années 2000, mais plus maintenant. Est-ce qu'ils sont moins bons qu'auparavant ? Suis-je devenu une fine gueule qui lève le nez sur certaines quilles ? Je ne crois pas, non. Notre palais change avec le temps. Est-ce qu'on peut dire qu'il s'affine ? Peut-être que oui, mais une chose est sûre, je ne bois vraiment plus le même genre de vin qu'il y a 10 ou 15 ans.

Avec les copains du vin, on prend maintenant davantage notre pied à boire des vins du beaujolais, du nord de l'Italie, de la péninsule du Niagara, du Jura, de la rive gauche de Bordeaux, du nord de la Californie, de la Bourgogne, de la vallée de la Loire ou du Rhône. On évite le sucre, les copeaux de bois, les vins un peu trop « technos » faits par des gros producteurs commerciaux, et on est davantage attirés par des vins plus fins, plus racés, plus élégants, plus *al dente*, plus acides et moins boisés.

Mais oui, c'est tout à fait normal de faire ses premiers pas vers le vin en essayant des produits très parfumés, bien mûrs, avec de bonnes concentrations, aux saveurs persistantes et affirmées, ayant 10 ou 15 grammes de sucre résiduel par litre et pas trop d'acidité. C'est parfait que les bouteilles au contenu un peu plus «commercial» existent, car elles attirent de nouveaux disciples vers la dive bouteille. Mais un jour, on se lasse des «vins de laboratoire» et on se dirige peu à peu vers des produits proposant davantage un reflet de leur terroir, faits par de plus petits producteurs. On évite les multinationales qui mettent en bouteilles des cuvées «dessinées» et «sculptées» pouvant faire plaisir à un public ciblé ainsi qu'à un marché bien précis.

Une journée de travail typique dans le laboratoire.

De bonnes raisons de boire plus de vin blanc !

Même si la consommation de vin rouge reste dominante (69 % des ventes en volume de la SAQ en 2019-2020) au Québec, on constate de plus en plus d'engouement pour le vin blanc. À ce jour, presque une bouteille sur trois vendue sur les tablettes du monopole est vinifiée en blanc, soit 31 % des ventes totales. Voici, selon moi, le pourquoi de cette augmentation, mais également quelques avantages à acheter ce type de vin ni rouge ni rosé.

D'abord, on fait attention à notre alimentation en mangeant davantage de salades et de poisson. Il y a aussi le fait que depuis 7-8 ans, il y a un très gros *buzz* entourant les sushis, et ce genre de plats et d'aliments se marie habituellement mieux avec les blancs.

Ensuite, les fromages de chez nous sont meilleurs que jamais, et ils ont d'ailleurs la cote en ciboulot auprès des consommateurs québécois ! On a compris dans les dernières années que tanins et lactose ne font pas nécessairement très bon ménage à table. Essayez un bon vin blanc alliant texture et onctuosité avec un fromage à pâte molle de notre belle province, vous vous apercevrez que la symbiose est plutôt géniale !

On aime de plus en plus les vins blancs, car nous ne les servons plus (ou presque plus !) au glacial 4 degrés Celsius de notre réfrigérateur. N'oubliez pas que, dégusté trop froid, le produit restera pratiquement muet sur le plan aromatique, mais également plutôt mince et sans trop de volume au goût. On vise davantage les 10-11 degrés Celsius pour leur rendre vraiment honneur.

Quels sont les avantages à acheter et à consommer du blanc ? En voici un tout simple : ça ne tache pas les dents ! Vous riez, mais avouez que c'est plate d'avoir les dents et les lèvres toutes rouges après une

«dégust'», si on n'a pas une brosse à dents sous la main!

Autre avantage: les bouteilles de blanc se gardent pas mal plus longtemps une fois ouvertes que celles de rouge. Faites un essai convaincant avec un jeune sauvignon néo-zélandais, un verdejo ibérique, un muscadet de la vallée de la Loire ou encore un vidal québécois... S'il s'agit d'un jeune millésime, la bouteille pourra rester dans la porte du frigo une dizaine de jours sans trop s'oxyder, alors que la plupart des rouges seront fichus dans les trois à quatre jours suivant l'ouverture de la fiole.

Sans trop généraliser, on peut affirmer que les blancs tiennent plus longtemps en cave que les rouges. Les trois plus vieux vins que j'ai eu la chance de goûter à ce jour étaient tous des «blancs-becs» plus ou moins centenaires. Bien peu de vins rouges sont aptes à effectuer une aussi longue sieste d'un siècle en cave et être encore en bonne forme en dégustation. Vive le blanc, vive le BON blanc!

Les trois petits cailloux de malheur

À l'hiver 2015, avec trois vieux copains amateurs de vin, nous avons effectué une virée en terroir bourguignon. La visite de 16 vignobles et la dégustation de pas moins de 275 vins sur une période de cinq jours, c'était génial! Parmi les producteurs qui nous ont gentiment et candidement reçus, je dois citer le célèbre Domaine de la Romanée-Conti à Vosne-Romanée, dans le nord de la Bourgogne.

Est-ce que je veux ici me péter les bretelles en vous disant que nous avons dégusté en rafale une série de grands crus dans le chai où est élaboré le plus prisé des nectars de la planète vin? Vraiment pas! Je veux plutôt vous raconter une savoureuse anecdote en lien avec la mythique parcelle de Romanée-Conti que le copropriétaire des lieux, M. Aubert de Villaine, nous a racontée lors de notre visite chez lui.

Avant d'aller plus loin, il faut savoir que la minuscule parcelle de pinot noir qui produit ce vin mondialement reconnu est d'une superficie de moins de deux hectares de vignes, et que son anecdotique production varie, selon le millésime, entre 3 000 et 6 500 bouteilles annuellement. Certains sites européens de vente de vins en ligne proposent des flacons de Romanée-Conti du millésime 1996 à plus de 14 000 euros l'unité... Imaginez l'offre et la demande!

Vous comprendrez que les curieux visiteurs sont nombreux à vouloir passer pour «zieuter» ce «lopin de terre» situé sur la commune de Vosne-Romanée en Côte de Nuits. La légende dit même qu'à leur décès, de nombreux collectionneurs de vin ont fait déposer leurs cendres sur le fameux lieu-dit bourguignon... ce qui ne plaît vraiment pas au dirigeant du prestigieux domaine.

Notre «5 à 7» passé en la présence du maître des lieux lors de ce voyage a été mémorable, et pas seulement en raison de la dégustation des magnifiques crus. L'homme de 81 ans est d'une simplicité déconcertante, hyper discret, grandement accueillant, sans la moindre goutte d'arrogance ou de prétention, et sa vision du vin est tout simplement remarquable. Parmi les échanges que nous avons eus avec lui, M. de Villaine m'a raconté qu'un jour, il a reçu une enveloppe contenant une mystérieuse lettre et quelques petits cailloux...

La missive avait été envoyée par un touriste californien qui avait déjà visité le légendaire champ de vignes bourguignon. Disons que l'Américain aurait peut-être dû s'en tenir à une simple photo, comme le font la plupart des gens de passage là-bas, mais il aurait voulu garder un souvenir un peu plus «concret» de sa visite sur place... Selon le récit de M. de Villaine, l'homme aurait saisi lors de sa visite 3-4 petites roches à travers les ceps de vignes, sans toutefois demander la permission au maître des lieux. Plus tard, en reprenant la route vers Beaune, l'homme a eu un violent accident de voiture. Quelques semaines suivant ce «vol», son épouse est décédée.

Le malheur s'est acharné sur lui pendant un certain temps, et ce, jusqu'à ce qu'il décide de faire parvenir une lettre d'excuses au Domaine de la Romanée-Conti. Il avait pris soin de glisser dans l'enveloppe la fameuse poignée de petites pierres qu'il avait dérobées sur le terrain du grand cru, question de tasser à jamais du revers de la main toutes les malchances et les misères que la vie lui avait fait subir depuis ce jour.

Qu'on croie ou non à une histoire aussi farfelue et mystérieuse que celle-ci, il faudrait quand même peut-être penser à rebaptiser le dicton «qui vole un œuf vole un bœuf» par «qui vole un caillou vole un bijou»!

Hommage aux « cuvées volailles » qui donnaient de bons maux de bloc !

Est-ce qu'il m'arrive de goûter des vins de dépanneur et d'épicerie? Tout à fait, et plus d'une vingtaine de bouteilles différentes par année. Est-ce que ces vins m'offrent de l'émotion et du plaisir en dégustation? Pas vraiment, non. Je n'en bois pas avec ma famille et mes amis, mais j'en analyse un bon lot annuellement pour mon boulot de chroniqueur. Aucun de ceux-ci ne m'a fait sourire jusqu'ici, et encore moins fait plier du genou... Certains sont bien faits, mais sans plus.

Par contre, je suis le premier à les défendre et à dire qu'«une chance qu'ils existent», parce qu'il faut bien commencer quelque part. Souvenez-vous de ce que nos parents et nos grands-parents buvaient, les amis! Du St-Georges, de l'Oiseau bleu, du Cochon mignon, du Harfang des Neiges, du Black Tower, de l'Hochtaler, du Baby Duck... Ils se sont probablement réveillés souvent avec un solide mal de bloc après avoir abusé de ces pinards bien garnis en sucre et en sulfites.

Devrait-on encore se moquer de ce type de produits? Il faut comprendre que si ceux-ci n'avaient pas existé, le consommateur québécois ne serait probablement pas celui qu'il est aujourd'hui. On est curieux, on achète des vins de partout dans le monde, on élabore des harmonies mets-vins à la maison, on visite des vignobles, on pose des questions aux conseillers en vin pour faire des choix avisés, on prend le temps de sentir, d'analyser et de savourer un verre de vin. On va se le dire en se pétant bien fort les bretelles: au Québec, les gens aiment le vin, s'y intéressent... et en boivent! On en boit et on «en mange»! Il y a des milliers d'amateurs de jus de raisin fermenté en province.

On ne peut pas nier nos racines européennes, car on aime bien manger, bavarder autour d'une table bien garnie, prendre un p'tit verre... Et tout ça, c'est en grande partie grâce aux vins de dépanneur qui nous ont «ouvert l'esprit» ainsi qu'à la bonne consommation de vin au Québec, telle qu'on la connaît aujourd'hui.

Par contre, on doit quand même admettre que les vins d'épicerie et de dépanneur qui sont proposés chez nous depuis huit ou neuf ans sont nettement supérieurs aux «maigrichonnes cuvées» que nos parents buvaient au glacial 4 degrés Celsius de leur frigo dans les années 70, 80 et 90. Dorénavant, plusieurs vins non vendus sur les tablettes de notre monopole peuvent en surprendre plus d'un en dégustation. Je pense à certains vins de Julia Wines ou à la gamme de vins BU de Jessica Harnois, qui sont vendus dans les supermarchés et ailleurs. À mon avis, ces derniers ne sont pas les meilleurs rapports qualité-prix-plaisir, mais ils s'avèrent d'excellents «dépanneurs» le samedi soir, si nous sommes attendus chez des amis et que la SAQ est fermée.

Malgré le fait que je «défende» ces bouteilles, j'achète l'entièreté de mes flacons directement sur les tablettes du monopole ou par l'intermédiaire de l'importation privée: plus vaste choix, bouteilles provenant de plus petits producteurs, meilleure qualité dans l'ensemble et rapports qualité-prix nettement supérieurs.

On peut donc candidement remercier toutes ces bouteilles vendues dans les épiceries et les dépanneurs qui ont tracé la voie à une «meilleure» consommation de vin au Québec! Tout doucement, les gens se sont lassés de boire ces vins (très souvent blancs!) assez sucrés et sans grandes vertus pour se tourner vers des fioles plus qualitatives.

À ce jour, on boit tout près de 25 litres de vin par année par personne dans notre belle province, ce qui est énorme! De plus, on n'a pas peur de mettre la main dans notre poche pour débourser un 25-30$ pour acheter une «bonne quille» à déguster le week-end. Le *buzz* du vin est vachement perceptible et c'est formidable ainsi. On peut donc lever notre verre et dire un gros merci à toutes ces «cuvées volailles» (Harfang des Neiges, Baby Duck, Oiseau bleu, etc.)!

La meilleure bouteille sur la table

On croit souvent à tort que la meilleure bouteille qu'on va déguster lors d'une soirée entre amis sera automatiquement la plus chère, la plus rare ou encore la plus vieille.

Premièrement, il y a une question de goûts, et selon moi, ceux-ci ne se discutent pas ! De toute façon, ça serait triste et lassant si tout le monde aimait, achetait et buvait les mêmes vins, non ? Deuxièmement, le prix d'un vin ou son âge n'est pas nécessairement un indicateur de sa qualité. C'est souvent une affaire d'offre et de demande. Des exemples ? Le célèbre Petrus de Pomerol embouteille environ 35 000 fioles annuellement : toute la planète aimerait en avoir, mais à 2 000-3 000 $ la bouteille, on passe notre tour... Même histoire pour la fétiche parcelle du grand cru de la Romanée-Conti qui fait environ 1,8 hectare de vignes et qui produit de 3 000 à 4 000 bouteilles annuellement. Certains iront jusqu'à débourser tout près de 10 000 $ pour un flacon d'un millésime anthologique de ce divin nectar... Ce sont des fioles de collectionneurs, j'en conviens, mais est-ce que 750 ml de liquide alcoolisé peut vraiment nous offrir un plaisir olfactif et gustatif d'une valeur de plusieurs milliers de dollars ?

De nombreux vins haut de gamme assez coûteux m'ont laissé sur mon appétit au cours des dernières années en dégustation avec les copains du vin. Même chose pour les flacons plus évolués auxquels on aurait dû tirer le bouchon il y a belle lurette, et qui sont tristement à bout de souffle à leur ouverture. La patience n'a pas toujours ses vertus, les amis...

Imaginez-vous que nous sommes huit ou dix bons vivants autour d'une fondue chinoise à avoir du plaisir, à rigoler, à manger, à refaire le monde... et la question qui revient toujours après un ou deux verres est : « Quelle est la meilleure fiole sur la table, selon toi ? » Euhhh... Il y en a une demi-douzaine, vous les regardez toutes une à une et la réponse est très facile. C'est tout simplement la bouteille qui sera vide en premier. Aucun autre questionnement, point final ! Une bonne cuvée, ça se boit sans se casser la tête et on en redemande un deuxième ou un troisième verre... C'est tout !

Habituellement, on voit assez rapidement le fond d'une bouteille au contenu plus frais, glissant et digeste. Vous savez, des produits alliant « buvabilité » et « glouglou-bilité » (deux qualificatifs qui ne figurent pas dans le *Larousse des vins*, mais que tout le monde comprend très bien !). Les vins hyper boisés, riches, concentrés à souhait, peu acides et « confiturés », ça sent bon au premier coup de nez, oui, mais après une ou deux gorgées, l'envie de les reprendre en bouche se dissipe assez rapidement... Je ne lève pas le nez sur ce type de vin, mais disons qu'il n'est vraiment pas ma tasse de thé.

Il faut aussi faire attention à ne pas oublier ces fioles trop longtemps en cave en croyant que celles-ci seront meilleures dans 5, 10 ou 15 ans… Informez-vous sur l'aptitude au vieillissement des blancs ou des rouges que vous achetez.

Il faut retirer le liège (ou dévisser le bouchon !) d'une bouteille au bon moment et selon nos goûts personnels. Si on aime le fruit, la fraîcheur, l'éclat et le côté gourmand d'un produit, il faudra le déguster dans sa prime jeunesse.

Lors de votre prochain souper entre amis, n'oubliez pas de prendre bonne note de la première quille qui sera vide sur la table… C'est tout simplement elle, la meilleure !

L'importance de la matière première

Un vigneron n'est pas un magicien. S'il ne récolte pas des grappes qui sont dans un état sanitaire satisfaisant et qui ont atteint une bonne maturité, il ne pourra jamais transformer le jus de ces raisins en un bon cru. Non, il n'existe pas de baguette magique ni d'appareil de vinification hyper technologique, et encore moins une recette secrète, qui peuvent transformer des raisins pas mûrs ou endommagés en un grand vin en quelques semaines…

Élaborer un vin, c'est un peu comme faire une recette en cuisine. La matière première, c'est la base, et pour avoir un résultat final à la hauteur, ça prend de bons aliments, de bons ingrédients, de beaux fruits. Donnez au meilleur chef en ville du poisson pas frais, une pièce de viande périmée, des fruits pas mûrs ou encore des légumes pourris, et il lui sera impossible de créer un plat divin. C'est la même chose pour le vin: un producteur se doit d'avoir des tops raisins pour vinifier un top vin.

Vous me direz qu'il y a aussi l'aspect de la géographie qui entre en ligne de compte, et vous avez entièrement raison. L'endroit où sont situées la ou les parcelles de vignes est primordial. Sans oublier le type de sol, l'âge des vignes, le climat, la qualité du millésime, le ou les cépages utilisés pour la cuvée, le vieillissement du vin en cuve inox, en barrique, en cuve béton, en bouteille… Bref, un bon vin, c'est un amalgame d'éléments favorables. Le facteur humain est aussi primordial, car même dans un millésime plus difficile, un bon vigneron saura bien «tirer son épingle du jus» en optimisant le rendement hectolitre par hectare et en travaillant davantage au triage des baies de raisin après la récolte.

Le moment de la vendange est très important. Des grappes pas assez mûres qui sont récoltées sans avoir atteint leur pleine maturité donneront des «vins verts», dont le goût sera hyper acide, mince, vif et peu agréable en dégustation. Dans le cas contraire, si les vendangeurs récoltent les raisins trop tard, il y aura un manque d'acidité dans le vin. Il sera pâteux, «confituré» et très peu excitant en bouche. Évidemment, je parle ici de la cueillette pour élaborer des vins secs, et non des vendanges tardives, des sélections de grains nobles ou des vins de glace.

On entend toutes sortes de choses (et pas toujours positives!) sur les millésimes 2016-2017 en raison du gel printanier, des épisodes de grêle et des mois de mars et d'avril qui ont été «frettes» en ciboulot dans certaines zones. Il ne faut surtout pas généraliser, car ces récoltes sont fort prometteuses dans plusieurs autres endroits de la planète vin: mère Nature n'a pas été «sadique» dans toutes les régions viticoles du monde! Si on se fie au Québec, par exemple, un superbe mois de septembre qui a été sous le signe de la chaleur et du soleil nous offrirait de très belles surprises lors de la mise en bouteille dans les prochains mois.

Il faut donc se rappeler que de bonnes grappes de raisins issues de pieds de vignes de plus de cinq ou dix ans, plantées sur un bon terroir ayant profité de bons soins, récoltées au bon moment, sous un bon millésime et vinifiées par un bon producteur donneront assurément un «bon vin»!

J'en ai ras-le-bol de la spéculation autour du vin !

«Hey! Salut Philippe. J'ai gagné un Château Mouton Rothschild et un Sassicaia dans un tournoi de golf. Combien tu me donnes pour ça?» Euh… Rien du tout! Si vous saviez le nombre de courriels de ce genre que je reçois au quotidien! Ces gens veulent souvent vendre des bouteilles de vin, ou encore pire, ils me demandent quels flacons faire vieillir en croyant faire fortune avec ceux-ci un jour. C'est tellement déprimant et ce n'est tellement pas ça le vin, pour moi…

Une bouteille de vin, ce n'est pas une collection de pièces de monnaie ancienne, de timbres ou de cartes de hockey. Et encore moins une œuvre d'art comme un beau tableau de Jean-Paul Riopelle ou de Normand Hudon.

Nombreux sont les gens qui allongent des quilles en cave en croyant en soutirer des milliers de dollars dans une ou deux décennies. Ils ont tout faux, ou presque. Primo, il faut comprendre que vendre du vin au Québec d'un particulier à un autre, c'est illégal, et secundo, bien rare sont les crus qui prendront de la valeur en vieillissant. Certaines cuvées d'anthologie bordelaises, toscanes, bourguignonnes, champenoises ou piémontaises élaborées par de grands producteurs et issues de grands millésimes pourront voir leur prix grimper sur le marché avec le temps, mais qui vous les achètera de toute façon, au final? C'est comme la carte de l'année recrue du grand Wayne Gretzky qui vaut des milliers de dollars si elle est en bon état. Parfait, mais essayez de trouver un acheteur qui vous offrira sa pleine valeur…

Je suis un double zéro en finances, mais pour effectuer un bon placement monétaire, je vais plutôt vers la bourse et les REER que vers la bouteille de vin!

Une fiole qu'on a achetée avec son amoureuse lors d'un romantique voyage en Catalogne ou dans le *Golden State* américain et qu'on a

patiemment fait vieillir en cave pendant quelques années mérite-t-elle de se retrouver dans le verre de quelqu'un qu'on ne connaît pas? Je ne crois pas, non! Le moment où vous allez la chercher dans la noirceur de votre réserve et que vous lui tirez délicatement le bouchon en vous remémorant les souvenirs de cet inoubliable voyage vaut selon moi pas mal plus que quelques feuilles de 20 dollars...

Une caisse de vin, ce n'est tout simplement pas un vulgaire objet de spéculation, les amis! Le jus de raisin fermenté, c'est d'abord et avant tout l'échange social, l'amitié, le partage, le rapprochement... mais aussi un exceptionnel véhicule d'émotions, de bonheur, de rassemblement et de bon temps autour d'une table à rigoler avec des gens qu'on aime. C'est ça la vie, c'est ça le vin, et à mon humble avis, il n'y a pas une liasse de billets qui arrive à la cheville de tout ça!

Le vin est-il meilleur dégusté directement au vignoble ?

Il vous est déjà arrivé de visiter un vignoble, de goûter un ou plusieurs vins sur place et, par la suite, de boire à nouveau les mêmes produits de ce producteur chez vous et de trouver que le moment est, comment dire... moins magique? Combien de fois j'ai entendu des voyageurs me dire: «Ben voyons, il me semble qu'il était bien meilleur là-bas, directement sur place!» C'est pourtant le fruit du travail du même artisan, issu du même terroir, du ou des mêmes cépages! Mais le vin se déguste différemment chez soi, alors qu'est-ce qui cloche au juste?

Cette situation arrive assez fréquemment aux gens qui visitent des vignobles et goûtent des vins directement au domaine. Imaginez le scénario: vous êtes avec le vigneron dans sa cave fraîche et humide, ébloui par le moment et par la visite des lieux, pittoresques et enchanteurs... Juste avant, vous avez effectué une balade à travers ses parcelles de vignes, il vous a enrichi d'un paquet de fascinantes informations sur son domaine et ses origines. Par la suite, il vous fait goûter ses cuvées en vous expliquant l'histoire derrière les bouteilles, il vous fait rencontrer sa famille, visiter le château, déguster ses vins à la pipette (un long tube de verre ou de plastique pour goûter directement de la barrique). Vos yeux brillent et vous profitez à fond du moment présent.

Vous rapportez ensuite de formidables souvenirs de cette rencontre dans vos bagages et, bien sûr, deux ou trois fioles de ce producteur, qui les a candidement autographiées avant que vous repreniez la route.

Quelques mois plus tard, vous tirez le bouchon d'un de ces crus en croyant que les 750 millilitres de «jus de raisin» présents dans la bouteille vous offriront un «aller simple sans escale en classe affaires» directement dans ce vignoble où on vous a si gentiment accueilli. Et là... Désolation, on dirait que le vin, bu dans votre appart du centre-ville, est moins réussi, moins illustre, moins marquant... C'est pourtant le même produit! Alors pourquoi le vin s'avère-t-il moins étincelant, moins éblouissant, moins épanoui? Est-ce la *ride* d'avion à 35000 pieds, est-ce les variations de température que cette bouteille a subies (car oui, elle somnolait avant bien tranquillement à 10-12 degrés Celsius chez elle au domaine, dans l'obscurité totale), est-ce les vibrations du déplacement aérien, ferroviaire ou automobile? Peut-être que oui, mais la vraie raison, selon moi, c'est le fait que cette journée-là, de passage au vignoble, vous étiez en mode

relaxation, en vacances, accompagné de quelqu'un qui vous est cher, guidé par la personne qui avait mis le divin cru en bouteille, enivré par la frénésie de l'instant présent, stimulé et excité par le moment que vous étiez en train de vivre… C'était la totale, c'était magique, et ça, c'est très difficile, voire impossible à recréer!

Loin de moi l'idée de vous dire de ne pas acheter de bouteilles directement dans le caveau d'un producteur pour rapporter un morceau de votre visite à la maison. Par contre, il ne faut pas s'attendre à revivre la même expérience de cette mémorable rencontre-dégustation une fois rendu dans le confort de votre foyer.

Rappelez-vous qu'un mauvais vin restera toujours un mauvais vin, mais un bon vin, bu au bon moment, au bon endroit, mais aussi, et surtout, avec la ou les bonnes personnes, c'est tout simplement grandiose!

« *Sober November* », « *Dry January* » et autres mois sans alcool

Depuis quelques années, on entend des gens parler de leur «petite pause» d'alcool. D'ailleurs, ça ne m'étonnerait pas que vous ou un de vos proches ayez observé un mois d'abstinence d'alcool au cours des dernières années. C'est souvent en novembre, mais également au début janvier ou en février, qui sont les deux mois où on veut se reprendre en main après les abus des Fêtes. Des mois où il fait froid, où on attend patiemment l'arrivée du printemps et où on est davantage sédentaires. Doit-on juger, questionner et regarder de travers les gens qui s'abstiennent de consommer de l'alcool pour une période d'un mois?

À 46 ans, je n'ai jamais bu un café de ma vie. Pas de dessert, pas de cigarette, pas de thé, pas de boisson gazeuse... Je n'en ai pas besoin ni la moindre envie, et personne ne me juge pour autant. Alors quand un ami me dit qu'il prend une pause de vin ou d'autres produits alcoolisés pour une trentaine de jours, je lui réponds: «Ben pourquoi pas!» Ça ne regarde personne d'autre que lui.

Certains veulent tout simplement voir comment leur corps va réagir; d'autres ont peut-être abusé au cours des mois précédents et veulent se remettre en forme. Il y a aussi ceux qui veulent quelque peu se serrer la ceinture sur le plan financier. Faites le calcul et vous verrez que 2-3 bouteilles par couple à 20-25$ l'unité chaque semaine, ça peut facilement vous coûter 200-250$ mensuellement. C'est pratiquement un paiement automobile de consommer du vin régulièrement.

Le problème, selon moi, concerne davantage les personnes qui arrêtent pendant un mois et qui comptent les jours avant de pouvoir «s'offrir» la cuite des cuites au 31e jour! Au même titre que les gens qui disent fièrement qu'ils ne boivent pas en semaine, mais qui, le vendredi, s'enfilent en rafale et à «grandes lampées» des «bols de rouge» bien remplis. Ça ne me regarde vraiment pas, mais ça ne serait pas mieux de déguster de un à deux petits verres au quotidien? Je ne juge personne ici: je me questionne, c'est tout!

Pour la rédaction de ce texte, j'ai appelé Hubert Sacy, le grand manitou d'Éduc'alcool, pour avoir son avis à ce sujet. Selon lui, tout passe par une consommation modérée, équilibrée et responsable. M. Sacy aime bien déguster quelques fois par semaine son verre de vin rouge, ou même une petite quantité de scotch. Pour les curieux, sachez que son cru favori est le Vieux Château Certan en appellation Pomerol dans le bordelais. Il m'a dit que toute personne qui croit avoir une dépendance à l'alcool ne devrait pas attendre pour demander de l'aide par le biais de sites Web ou de ressources comme La Maison Jean Lapointe ou le centre Portage. Alors, si on croit qu'on a un problème avec la consommation d'alcool, il ne faut pas seulement prendre un *break* mensuel, il faut consulter !

Que ce soit pour votre santé, pour évaluer votre bonne volonté ou tout simplement pour faire du bien à votre portefeuille, c'est à vous seul de prendre la décision. Et vous savez quoi ? Ce sera la bonne, car personne ne devrait vous juger si vous vous abstenez de consommer de l'alcool pendant quelques semaines chaque année.

Buvez-en, du Ménage à Trois et du White Zinfandel sucrés !

Plus d'une centaine de messages par jour entrent dans ma boîte de courriels. Ceux-ci proviennent principalement de gens que je ne connais pas. Ils veulent se faire conseiller des bouteilles en lien avec leur repas, ils veulent avoir mon avis sur tel ou tel flacon, ils partagent avec moi leur vin chouchou en me demandant une cuvée aux arômes et au goût similaires… C'est super, continuez de le faire, ça me fait plaisir et je fais de mon mieux pour répondre chaque matin à tout le monde dans les meilleurs délais !

Ces nombreux messages m'informent énormément du même coup sur les habitudes de consommation des Québécois. Vous êtes tellement nombreux à croire que je vais vous juger, car vous buvez de l'Apothic Red, du White Zinfandel de Gallo, du Ménage à Trois, du Carnivor, du Revolution Red ou du Wallaroo Trail. Vous avez tout faux ! Mon but premier est de vous faire tomber en amour avec la bouteille et de vous faire déguster des produits de façon régulière, mais surtout de façon modérée. Je n'ai surtout pas l'intention de rire de vous parce que vous consommez les best-sellers se retrouvant sur les tablettes en fer du monopole (produits réguliers offerts à l'année à la SAQ), qui contiennent parfois une grande quantité de sucre et de copeaux de bois. Tout comme jamais je ne me payerais la tête de quelqu'un qui mange du restaurant-minute fait par une chaîne de restauration américaine dans un centre commercial ! Tout un chacun peut décider de ce qu'il consomme ; ça ne me regarde aucunement, ce qu'il y a dans votre verre à dégustation. Et de toute façon, ce n'est pas moi qui le bois, c'est vous !

Je sais pertinemment que si vous êtes un curieux et un gourmand, vous vous lasserez sous peu de ces types de vins assez « technos » qui sont conçus pour un public ciblé. On a tous un paquet d'amis qui boivent ces genres de vins commerciaux, mais on en connaît peu qui leur sont fidèles depuis une ou deux décennies… On finit toujours par se tanner des vins de masse faits par des multinationales, pour ensuite se diriger tout doucement vers des artisans qui élaborent des cuvées « moins maquillées » et vers des vignerons qui travaillent davantage à échelle humaine, de véritables jardiniers qui bichonnent leurs vignes avec amour et passion.

Comme tout bon chroniqueur vin, mon but est de vous faire découvrir de nouvelles fioles, de vous faire sortir des sentiers battus, de vous surprendre, de vous faire plaisir à table comme à l'apéro. Ce n'est certainement pas en vous proposant une quille signée d'une grosse compagnie qui met en bouteille 10 ou 15 millions d'unités annuellement que je vais vous déstabiliser les papilles (même si quantité peut parfois rimer avec qualité)!

Donc non, votre marchand de bonheur n'est pas là pour vous juger ou se moquer de vos choix de vins! Votre vin fétiche a peut-être 15-20 grammes de sucre résiduel par litre, très peu d'acidité et un nez pouvant rappeler la crème à bronzer «Banana Boat» et les «chips de bois», c'est de vos affaires et ça ne regarde personne! Ça ne me plaît vraiment pas comme type de vin, mais si vous l'aimez, allez-y et buvez-en, n'en soyez surtout pas gênés!

L'effet Covid

Séparations, paranoïa, méchancetés et attaques personnelles sur les réseaux sociaux, désaccords politiques, manifestations anti-masque... On va se le dire, le printemps et l'été 2020 n'auront pas été de tout repos. On se souviendra longtemps de cette triste période où on a annulé nos rendez-vous, nos soupers entre amis, nos voyages à l'étranger, nos emplettes d'après-midi au centre d'achat... Bref, ce n'était pas jojo et on ne veut assurément pas retourner dans ce chapitre sombre et négatif qui aura fait de 2020, sur le plan humain, un « millésime » à oublier...

Même si ça nous a énormément rapprochés de notre petite cellule familiale, si on fait le décompte, très peu de points positifs ressortiront de cette pandémie mondiale qui aura tué des centaines de milliers de personnes aux quatre coins du monde. On restera toujours inquiets, pessimistes et craintifs à l'égard de cet ennemi invisible et si sournois. On se croise donc les doigts en espérant qu'un tel virus ne rapplique pas et ne nous éloigne pas non plus, encore une fois, d'une vie plus zen, davantage normale et moins « distanciatrice » des uns avec les autres.

Alors, après quelques mois de recul, on en retire quoi de positif au juste de ce détestable virus ? Si, tout comme moi, vous êtes du genre à voir le verre de vin à moitié plein, vous avez sûrement ressenti une différence sur le plan de vos achats de nourriture et d'alcool.

On a suivi les recommandations du gouvernement qui nous suggéraient fortement d'acheter et de consommer localement. On a tous voulu faire notre part en achetant des fruits et des légumes biologiques de l'île d'Orléans, un bon gin du Bas-Saint-Laurent, un fromage des Cantons-de-l'Est, des fruits de mer et des poissons gaspésiens, un carton de bières charlevoisiennes, un sirop d'érable beauceron, du bœuf de Lotbinière ou un cidre de la Montérégie, mais aussi de bons vins de chez nous qui nous rendent de plus en plus fiers d'être Québécois.

Avouez que vous avez succombé au bon goût d'un aliment ou d'une boisson « *made in Québec* » depuis mars 2020. Avouez que vos préjugés sur la qualité de nos produits locaux se sont quelque peu dissipés. Avouez que vous regardez pas mal plus qu'avant la contre-étiquette de vos emballages de nourriture et de bouteilles d'alcool pour en connaître la provenance. Avouez que vous avez effectué des commandes pour emporter dans votre resto de quartier préféré.

De cette façon, nous avons contribué, à notre manière, à soutenir et à encourager solidairement l'industrie locale. Plusieurs artisans ont évité, grâce à vous, de mettre définitivement la clé dans la porte. On s'est tenu les coudes, on s'est regardé le nombril, et on s'est même aperçu que le gazon n'était pas toujours plus vert chez le voisin.

Ma famille et moi, nous avons mieux mangé en goûtant des

produits d'ici ayant une traçabilité fiable et qui ne sont pas faits à la chaîne par des multinationales qui transforment et dénaturent les aliments et alcools pour plaire à un public plus large.

Il y aura assurément un avant et un après coronavirus, on se souviendra de cette catastrophe humanitaire à jamais, et rien ne sera plus jamais comme avant, mais pourquoi n'essayons-nous pas d'en retirer un ou deux points positifs ? Comme se rapprocher de notre *gang*, ralentir la folle cadence de notre train-train quotidien, prendre soin des gens qui nous sont chers et continuer à mettre «du Québec» dans notre verre ainsi que dans notre assiette. On fait, à échelle humaine, des produits d'une qualité exceptionnelle dans notre belle province. Bombons-nous le *chest* avec fierté !

Mangeons et buvons québécois, on en sortira tous gagnants !

L'un des points forts de 2020 ? Pouvoir prendre le temps de profiter de l'air frais en famille.

Recommandations vins blancs

Plus d'une trentaine de réussis et épanouis vins blancs se retrouvent ici pour le bonheur de vos papilles. Des cuvées qui nous ont surpris, charmés, et qui nous ont offert du plaisir ainsi que de l'émotion en dégustation. En suivant nos conseils sur les températures de service et les propositions d'accord mets-vins de chacun des vins, vous devriez passer de formidables moments à table avec la famille et les amis !

11,90 $

PLANALTO

Sogrape

« Dur, dur de trouver mieux en matière de vin blanc à moins de 12 huards ! »

ACCORDS

Servez-le avec de merveilleux triangles de pita grillés, accompagnés d'un guacamole maison aux arômes de lime et de coriandre et d'un riz aux légumes à la poudre de chili, pour vivre une expérience culinaire épatante.

ORIGINE
Douro – Portugal

CÉPAGES
Viosinho, codega, gouveio et malvasia fina

À SERVIR À
10-11 °C

CARAFE
—

À BOIRE AVANT
2 ans

SUCRE ET ALCOOL
1,7 g/l et 12,5 %

CODE SAQ
13189594

5 601012 115505

11,90 $

GRENACHE DE GRENACHE

Paul Mas

« Une jolie trouvaille du Sud de la France à très petit prix. »

ACCORDS

Le croquant et la fraîcheur d'une poêlée de légumes, accompagnée d'un sandwich fondant au jambon Forêt-Noire et cheddar, lui conviendront à merveille.

ORIGINE
Languedoc – France

CÉPAGES
Grenache blanc et grenache gris

À SERVIR À
9-10 °C

CARAFE
–

À BOIRE AVANT
2 ans

SUCRE ET ALCOOL
2,4 g/l et 13 %

CODE SAQ
12990742

3 760040 431321

12,30 $

GRANDE RÉSERVE DES CHALLIÈRES

Bonpas

« Un blanc d'entrée de gamme du sud de la vallée du Rhône qui est aussi épatant que plaisant. »

ACCORDS

Ce vin aux cépages envoûtants sera parfait avec des croquettes de poulet ou des calmars frits trempés dans un peu de miel.

ORIGINE
Luberon – Rhône – France

CÉPAGES
Clairette, grenache, ugni blanc et vermentino

À SERVIR À
10-11 °C

CARAFE
—

À BOIRE AVANT
1-2 ans

SUCRE ET ALCOOL
3 g/l et 13 %

CODE SAQ
14056515

3 260980 032034

14,75 $

DOGHERIA

Poderi Dal Nespoli

« Un enveloppant, glissant et fort plaisant pinot blanc du nord de l'Italie. »

ACCORDS

Vous allez adorer ce vin avec du poulet ou des fruits de mer en sauce onctueuse servis sur un vol-au-vent bien feuilleté. Un repas réconfortant de A à Z.

ORIGINE
Rubicone – Émilie-Romagne – Italie

CÉPAGE
Pinot blanc

À SERVIR À
10-11 °C

CARAFE
—

À BOIRE AVANT
2-3 ans

SUCRE ET ALCOOL
1,4 g/l et 12,5 %

CODE SAQ
13425972

8 000015 439002

14,95 $

T – FURMINT

Pajzos

« Texture, onctuosité, rondeur et doux parfums de miel et de citronnelle. »

ACCORDS

Un burger de saumon, bacon et tomate ou une fondue parmesan servie sur salade verte s'harmoniseraient très bien avec le côté gras du furmint. Et si vous avez plutôt envie d'un repas léger, optez pour une salade de lentilles remplie de légumes et agrémentée de quelques cubes de halloumi grillés.

ORIGINE
Tokaji – Tokai – Hongrie

CÉPAGE
Furmint

À SERVIR À
11-12 °C

CARAFE
—

À BOIRE AVANT
3 ans

SUCRE ET ALCOOL
5,4 g/l et 11,5 %

CODE SAQ
860668

5 998830 730431

15,65 $

RÉSERVE NUMÉROTÉE

Chéreau Carré

« Un muscadet à prix d'ami qui est iodé, sapide, aérien et salin ! »

ACCORDS

L'apéro parfait ! Une guédille au crabe – ou, mieux encore, au homard ! – bien garnie avec mayonnaise, jus de citron et aneth complétera l'expérience et vous fera passer un merveilleux moment à table.

ORIGINE
Muscadet-Sèvre et Maine – Loire – France

CÉPAGE
Muscadet

À SERVIR À
9-10 °C

CARAFE
–

À BOIRE AVANT
3-4 ans

SUCRE ET ALCOOL
1,2 g/l et 12,5 %

CODE SAQ
365890

0 642268 000981

15,85 $

FURMINT DRY

Château Dereszla

« Un 100 % furmint d'Europe de l'Est qui créera de merveilleuses symbioses à table. »

ACCORDS

Pourquoi ne pas servir ce vin pour accompagner un burger de poulet simplissime, ou si vous avez un peu plus de temps pour cuisiner, une salade de pâtes à la grecque avec tomate, concombre, feta et un soupçon de zestes de citron.

ORIGINE
Tokaji – Tokai – Hongrie

CÉPAGE
Furmint

À SERVIR À
11-12 °C

CARAFE
—

À BOIRE AVANT
3-4 ans

SUCRE ET ALCOOL
7,5 g/l et 12 %

CODE SAQ
13479639

5 997409 500956

15,95 $

MASIANCO

Masi

« Un parfumé, invitant et exotique blanc du pays de Roméo et Juliette. »

ACCORDS

Finger food à l'honneur! Ce vin accompagnera à merveille une sélection de sushis variés ainsi qu'un plateau de canapés et de hors-d'œuvre lors d'un 5 à 7 en bonne compagnie.

ORIGINE
Vénétie – Italie

CÉPAGES
Pinot gris
et verduzzo

À SERVIR À
9-10 °C

CARAFE
—

À BOIRE AVANT
2 ans

SUCRE ET ALCOOL
3,4 g/l et 13 %

CODE SAQ
10439404

8 002062 001652

15,95 $

LE PIVE

Vignobles JeanJean

« Un blanc languedocien qui pourra faire rougir d'envie bien des cuvées coûtant de 4 à 5 $ de plus la bouteille. »

ACCORDS

Sec et rafraîchissant, ce vin de pays aux stimulants cépages sera le compagnon parfait d'une multitude de fromages à pâte ferme. Et tant qu'à y être, pourquoi ne pas opter pour une sélection de douceurs fromagées du Québec à servir avec craquelins, baguette fraîche et quelques grappes de raisins !

ORIGINE
Languedoc – France

CÉPAGES
Viognier, sauvignon blanc et roussanne

À SERVIR À
10-11 °C

CARAFE
—

À BOIRE AVANT
1-2 ans

SUCRE ET ALCOOL
1,2 g/l et 12 %

CODE SAQ
13806097

3 186128 042638

15,95 $

LA FIOLE

Père Anselme-Brotte

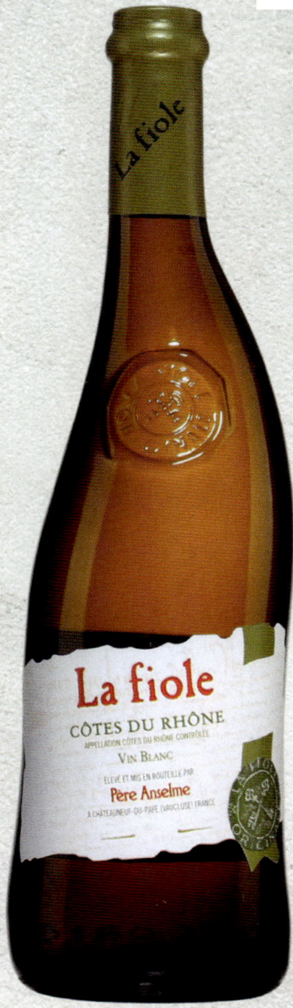

« Un rarissime blanc rhodanien qui offre de séduisantes émanations ainsi qu'un appréciable volume en bouche. »

ACCORDS

Ce vin à la polyvalence inégalée agrémentera un repas de poisson en sauce béchamel, des ailes de poulet marinées et même un bon sauté de légumes et poulet typique de la cuisine asiatique.

ORIGINE
Côtes du Rhône – Rhône – France

CÉPAGES
Grenache blanc, clairette et viognier

À SERVIR À
11-12 °C

CARAFE
—

À BOIRE AVANT
3-4 ans

SUCRE ET ALCOOL
1,4 g/l et 13 %

CODE SAQ
13584375

3 217661 016180

16,35 $

ABELLIO

Rectoral do Umia

« Une cuvée espagnole qui a des airs de muscadet ou même de chablis. »

ACCORDS

Wow! Du poisson blanc, des moules marinières ou une assiette de fromages réveilleront les saveurs de l'albariño.

ORIGINE
Rias Baixas – Galice – Espagne

CÉPAGE
Albariño

À SERVIR À
9-10 °C

CARAFE
—

À BOIRE AVANT
1-2 ans

SUCRE ET ALCOOL
2,5 g/l et 12,5 %

CODE SAQ
13565385

8 413060 739902

16,65 $

VALE DE CAVALOS

Poças

« Une bouteille portugaise aussi réussie en version vin blanc qu'en version vin rouge. »

ACCORDS

L'apéro idéal ! Sa fraîcheur fera de lui l'acolyte parfait d'un couscous aux légumes aux saveurs moyen-orientales de cumin, de grains de coriandre et de curcuma.

ORIGINE
Douro – Portugal

CÉPAGES
Codega, gouveio, rabigato et viosinho

À SERVIR À
11-12 °C

CARAFE
—

À BOIRE AVANT
3-4 ans

SUCRE ET ALCOOL
1,4 g/l et 13,5 %

CODE SAQ
14064072

5 601085 002740

16,95 $

FIVE VINEYARDS

Mission Hill

« Un blanc du *Far West* canadien à la fois sensuel, aguicheur et pénétrant. »

ACCORDS

Imaginez une simple fondue parmesan maison ou encore une salade de crevettes nordiques, radis, épinards et tomates cerises – vinaigrette maison, bien sûr! – pour compléter cette dégustation à merveille.

ORIGINE
Vallée de l'Okanagan – Colombie-Britannique – Canada

CÉPAGE
Pinot blanc

À SERVIR À
10-11°C

CARAFE
—

À BOIRE AVANT
2 ans

SUCRE ET ALCOOL
2,5 g/l et 13,5 %

CODE SAQ
300301

0 776545 995889

17,45 $

BASA

Telmo Rodriguez

« Fraîcheur, pureté, droiture et tension seraient les bons mots pour décrire ce bon blanc ibérique. »

ACCORDS

Accompagnez-le d'une belle brochette de crevettes tigrées badigeonnées d'une marinade à l'huile d'olive légèrement épicée (poudre de chili, piment de Cayenne ou sriracha), servie sur une salade rafraîchissante aux agrumes et noix de pin.

ORIGINE
Rueda – Castille-et-León – Espagne

CÉPAGE
Verdejo

À SERVIR À
9-10 °C

CARAFE
—

À BOIRE AVANT
1-2 ans

SUCRE ET ALCOOL
1,5 g/l et 13 %

CODE SAQ
10264018

8 420759 900017

17,65 $

CUVÉE DES CONTI

Tour des Gendres – Famille De Conti

« Un habitué de notre guide qui mérite encore entièrement sa place dans cette édition ! »

ACCORDS

Voici un superbe blanc pour accompagner un plateau de fromages ! Faites-vous plaisir en découvrant des douceurs à pâte ferme, mi-ferme ou molle agrémentées de noix assorties et de fruits séchés.

ORIGINE
Bergerac sec – Sud-Ouest – France

CÉPAGES
Sémillon, sauvignon et muscadelle

À SERVIR À
11-12 °C

CARAFE
20-30 minutes

À BOIRE AVANT
4-5 ans

SUCRE ET ALCOOL
2,8 g/l et 13,5 %

CODE SAQ
858324

3 760090 284212

17,80 $

ATTITUDE

Pascal Jolivet

« Un sauvignon de la Loire qui est juste trop bon pour sa modeste facture ! »

ACCORDS

Habile autant en apéro qu'avec des entrées froides, ce blanc racé saura en surprendre plus d'un. Pensez à le servir avec des bouchées de tartare aux deux saumons, des crostinis au fromage crémeux ou encore une sublime bruschetta maison.

ORIGINE
Loire – France

CÉPAGE
Sauvignon blanc

À SERVIR À
9-10 °C

CARAFE
—

À BOIRE AVANT
2 ans

SUCRE ET ALCOOL
3,1 g/l et 12,5 %

CODE SAQ
11463828

3 490960 190007

18,15 $

CRUET VIEILLE VIGNE D'IDYLLE

Domaine de L'Idylle

« Un différent, déstabilisant, mais ô combien plaisant blanc-bec de Savoie, en France. »

ACCORDS

Idéal avec le poisson blanc, ce vin de Savoie vous fera également saliver avec un feuilleté d'escargots à la crème gratiné ou une quiche au jambon et fines herbes du jardin.

ORIGINE
Savoie – France

CÉPAGE
Jacquère

À SERVIR À
10-11 °C

CARAFE
—

À BOIRE AVANT
2-3 ans

SUCRE ET ALCOOL
2,9 g/l et 11,5 %

CODE SAQ
855171

3 464230 003403

18,30 $

RIESLING CLASSIC

Hugel

« Un riesling alsacien qui fait la pluie, mais surtout le beau temps depuis des lunes sur notre marché. »

ACCORDS

Ce magnifique et classique riesling sec est tout indiqué pour un blanc de poulet, sauce au cari.

ORIGINE
Alsace – France

CÉPAGE
Riesling

À SERVIR À
11-12 °C

CARAFE
–

À BOIRE AVANT
4-5 ans

SUCRE ET ALCOOL
5,5 g/l et 12,5 %

CODE SAQ
42101

3 300370 190033

18,35 $

CÔTE DES ROSES

Gérard Bertrand

« Un blanc qui a su faire craquer les papilles de ma belle Beauceronne à plusieurs reprises. »

ACCORDS

Un rôti de porc, sauce à la crème et champignons de Paris fera ressortir le côté gras de cette belle bouteille.

ORIGINE
Languedoc – France

CÉPAGES
Grenache blanc, vermentino et viognier

À SERVIR À
10-11 °C

CARAFE
—

À BOIRE AVANT
2 ans

SUCRE ET ALCOOL
1,5 g/l et 13 %

CODE SAQ
13584391

3 514123 109276

18,65 $

MONÓLOGO

A & D Wines

« Un blanc ibérique, vigoureux, propre et sans esbroufe technologique. »

ACCORDS

Variétés de salades jardinières, vinaigrette au vinaigre balsamique, aux tomates séchées ou au sirop d'érable, ou encore un beau plateau de crudités colorées seront parfaits pour vous donner du plaisir gustatif.

ORIGINE
Vinho Verde – Minho – Portugal

CÉPAGE
Arinto

À SERVIR À
10-11°C

CARAFE
—

À BOIRE AVANT
2-3 ans

SUCRE ET ALCOOL
5,7 g/l et 13 %

CODE SAQ
14296666

5 605829 000610

18,65 $

FELIX

Weingut Weszeli

« Un rare et fort recommandable blanc autrichien sous la barre des 20 $. »

ACCORDS

Allié des plats de la mer, ce vin ne saura que bonifier un tartare de thon, un ceviche de saumon, un pavé de truite ou des crevettes grillées aux agrumes et herbes fraîches. Une explosion de saveurs vous attend!

ORIGINE
Basse-Autriche – Autriche

CÉPAGE
Grüner veltiner

À SERVIR À
9-10 °C

CARAFE
—

À BOIRE AVANT
2-3 ans

SUCRE ET ALCOOL
1,6 g/l et 12 %

CODE SAQ
13618521

9 006580 171193

18,95 $

ATTEMS

Conti Attems

« Un blanc italien qui aura toute sa place lors d'une soirée de confection de sushis à la maison. »

ACCORDS

Ses notes aguichantes de fruits exotiques rehausseront à merveille vos sushis préférés ou encore un plat de crevettes au lait de coco sur vermicelles de riz.

ORIGINE
Frioul-Vénétie Julienne – Italie

CÉPAGE
Pinot gris

À SERVIR À
9-10 °C

CARAFE
—

À BOIRE AVANT
2 ans

SUCRE ET ALCOOL
3,7 g/l et 12,5 %

CODE SAQ
11472409

8 007425 002079

19,05 $

LES FIEFS D'AUPENAC

Cave de Roquebrun

« Un blanc du Languedoc qui vous fera réussir de brillantes harmonisations à table. »

ACCORDS

Voici un blanc bien en chair pour les mets en pâte feuilletée, comme le classique bœuf Wellington, et les volailles en sauce à la crème et aux champignons.

ORIGINE
Saint-Chinian – Languedoc – France

CÉPAGES
Roussanne et grenache blanc

À SERVIR À
11-12 °C

CARAFE
20 minutes

À BOIRE AVANT
3-4 ans

SUCRE ET ALCOOL
1,2 g/l et 13,5 %

CODE SAQ
10559174

3 379431 181020

19,25 $

BUISSONNIER

Vignerons de Buxy

« Un blanc du sud de la Bourgogne qui est sans vice pour sa facture modérée ! »

ACCORDS

La rondeur de ce bourgogne fera de cette cuvée une réussite avec un baluchon de pâte phyllo farci de ris de veau ou de canard confit, nappé d'une sauce riche au miel et au thym.

ORIGINE
Montagny – Bourgogne – France

CÉPAGE
Chardonnay

À SERVIR À
11-12 °C

CARAFE
–

À BOIRE AVANT
3 ans

SUCRE ET ALCOOL
2 g/l et 13 %

CODE SAQ
12866291

3 330540 202051

19,80 $

PINOT BIANCO

Alois Lageder

« L'un des meilleurs choix de vins blancs sous la barre des 20 $ de notre année de dégustation ! »

ACCORDS

Pensez simple: de fines tranches de saumon frais marinées minute, ou encore un bon grilled cheese au fromage de lait cru au goût légèrement relevé et confit d'oignons.

ORIGINE
Trentin – Haut-Adige – Italie

CÉPAGE
Pinot blanc

À SERVIR À
10-11 °C

CARAFE
—

À BOIRE AVANT
2 ans

SUCRE ET ALCOOL
1,2 g/l et 12,5 %

CODE SAQ
12057004

8 000395 102008

19,85 $

SAINT-BRIS

Bailly-Lapierre

« Un sauvignon au profil franc, droit, nerveux et épuré. »

ACCORDS

Un tartare de saumon ou un ceviche de pétoncles à la lime sera merveilleux avec ce nectar. On pourrait aussi l'accompagner de crevettes bien fraîches.

ORIGINE
Saint-Bris – Bourgogne – France

CÉPAGE
Sauvignon blanc

À SERVIR À
10-11 °C

CARAFE
–

À BOIRE AVANT
3 ans

SUCRE ET ALCOOL
1,3 g/l et 12,5 %

CODE SAQ
10870211

3 371801 811445

20,55 $

CALCARI

Parés Baltà

« Un assemblage catalan offrant tension, nervosité, droiture et minéralité. »

ACCORDS

Cet espagnol sera très heureux d'accompagner un tartare de pétoncles, un cocktail de crevettes ou une assiette de calmars frits.

ORIGINE
Penedès – Catalogne – Espagne

CÉPAGE
Xarel-lo

À SERVIR À
10-11 °C

CARAFE
—

À BOIRE AVANT
2 ans

SUCRE ET ALCOOL
1,2 g/l et 12 %

CODE SAQ
11377225

8 410439 010136

20,60 $

CÔTES DU RHÔNE

Guigal

« Un classique et incontournable assemblage qui est signé par la réputée famille Guigal. »

ACCORDS

Les poissons en sauce ainsi que les fruits de mer et les volailles en pâte feuilletée seront séduits par le côté gras de cette fiole signée Guigal.

ORIGINE
Côtes du Rhône – Rhône – France

CÉPAGES
Viognier, roussanne et marsanne

À SERVIR À
11-12 °C

CARAFE
—

À BOIRE AVANT
3-4 ans

SUCRE ET ALCOOL
1,4 g/l et 14 %

CODE SAQ
290296

3 536650 591003

21,50 $

BOURGOGNE

Ropiteau Frères

« Un chardo bourguignon qui offre de délicats parfums ainsi qu'un très agréable toucher de bouche. »

ACCORDS

Servez-le avec un fish'n chips accompagné de frites au parmesan et d'une mayonnaise maison.

ORIGINE
Bourgogne – France

CÉPAGE
Chardonnay

À SERVIR À
11-12 °C

CARAFE
—

À BOIRE AVANT
3 ans

SUCRE ET ALCOOL
2,1 g/l et 12,5 %

CODE SAQ
11293953

3 473120 008152

21,90 $

LES AMMONITES

François Martenot

« N'est "petite" que l'appellation de ce Petit Chablis. »

ACCORDS

Cet impeccable Petit Chablis sera un candidat de choix pour l'apéro et saura accompagner une assiette de poisson fumé en toute beauté.

ORIGINE
Petit Chablis – Bourgogne – France

CÉPAGE
Chardonnay

À SERVIR À
10-11 °C

CARAFE
—

À BOIRE AVANT
2-3 ans

SUCRE ET ALCOOL
1,5 g/l et 12,5 %

CODE SAQ
14168411

3 120581 438454

22,45 $

MALAGOUZIA

Porto Carras

« Surprenez vos papilles et celles de vos invités avec ce blanc grec exclusivement fait de malagousia. »

ACCORDS

Ce vin rafraîchissant sera le compagnon idéal d'un poisson cru, de sushis, de pétoncles et de crevettes nordiques.

ORIGINE
Macédoine – Grèce

CÉPAGE
Malagousia

À SERVIR À
9-10 °C

CARAFE
—

À BOIRE AVANT
3-4 ans

SUCRE ET ALCOOL
1,6 g/l et 13,5 %

CODE SAQ
14019677

5 201183 230078

23,65 $

LA SEREINE

La Chablisienne

« Un connu, mais incontournable blanc bourguignon qui est à aligner à coup de six dans sa réserve. »

ACCORDS

Un pavé de flétan ou un filet de turbot, sauce au beurre, câpres géants, poivrons rôtis et romarin sera son meilleur ami!

ORIGINE
Chablis – Bourgogne – France

CÉPAGE
Chardonnay

À SERVIR À
10-11°C

CARAFE
–

À BOIRE AVANT
3-4 ans

SUCRE ET ALCOOL
1,7 g/l et 12,5 %

CODE SAQ
565598

3 332418 000349

24,95 $

COQUILLAGE

Moillard

« Bien rares sont les Chablis de cette qualité offerts à moins de 25 $ et offerts en bonnes quantités. »

ACCORDS

Voici le compagnon idéal des amateurs d'huîtres. Pour les autres, un bagel au saumon fumé ou une assiette de linguines aux fruits de mer fera aussi très bien l'affaire.

ORIGINE
Chablis – Bourgogne – France

CÉPAGE
Chardonnay

À SERVIR À
10-11 °C

CARAFE
—

À BOIRE AVANT
3 ans

SUCRE ET ALCOOL
1,6 g/l et 12,5 %

CODE SAQ
14042973

3 180421 003143

30,10 $

LES BARONNES

Henri Bourgeois

« Un racé, élégant, tendu et vivifiant sauvignon du Centre-Loire. »

ACCORDS

Le met idéal pour accompagner cette bouteille serait un tartare servi avec de la laitue rehaussée d'huile d'olive et d'un trait de jus de citron. Quel délice!

ORIGINE
Sancerre – Loire – France

CÉPAGE
Sauvignon blanc

À SERVIR À
11-12 °C

CARAFE
—

À BOIRE AVANT
4-5 ans

SUCRE ET ALCOOL
1,6 g/l et 13 %

CODE SAQ
303511

3 365910 002214

34,10 $

LA MOUSSIÈRE

Alphonse Mellot

« Un Sancerre de grande classe qui est signé par l'un des plus grands vignerons de la planète vin. »

ACCORDS

La vivacité de ce sauvignon de la Loire plaira aux mordus de fruits de mer en coquillage et de crustacés : moules, homard, crabe et pétoncles accompagnés de beurre fondu au citron frais.

ORIGINE
Sancerre – Loire – France

CÉPAGE
Sauvignon blanc

À SERVIR À
10-11 °C

CARAFE
—

À BOIRE AVANT
5-6 ans

SUCRE ET ALCOOL
2,5 g/l et 13 %

CODE SAQ
33480

3 273390 552054

Recommandations vins rouges

Vous trouverez près de 7000 vins rouges différents à la SAQ. À la vue d'une sélection aussi vaste, le consommateur peut se sentir quelque peu menotté et déstabilisé. Sans vouloir être méchant, les meilleurs vins côtoient souvent les pires, car non, il n'y a pas que des «grands crus» sur le marché... Nous avons donc déniché pour vous des flacons au contenu plus que satisfaisant – des vins qui sont vrais et vivants, mais aussi qui reflètent bien leur(s) cépage(s) ainsi que leur terroir de prédilection.

11,55 $

CÔTÉ MAS ROUGE INTENSE

Paul Mas

« Une emplette languedocienne qui en offre beaucoup pour son petit prix. »

ACCORDS

Voici un vin parfait et accessible pour vos barbecues entre amis. Cet assemblage sudiste rehaussera toutes les garnitures de vos grillades et burgers préférés.

ORIGINE
Languedoc – France

CÉPAGES
Grenache, carignan, cinsault et merlot

À SERVIR À
15-16 °C

CARAFE
—

À BOIRE AVANT
1-2 ans

SUCRE ET ALCOOL
4,2 g/l et 13,5 %

CODE SAQ
13997428

3 760040 426471

12,00 $

GRENACHE ROUGE

Castelbarry

« Pour un petit 12 $, personne ne tassera du revers de la main ce joli grenache d'entrée de gamme ! »

ACCORDS

Misez sur la simplicité pour accompagner ce vin passe-partout lors de vos 5 à 7 et de vos repas improvisés. Canapés de toutes sortes, grignotines ou pâtes aux légumes sur fond de tomates lui feront toute une beauté!

ORIGINE
Saint-Guilhem-le-Desert – Languedoc – France

CÉPAGE
Grenache

À SERVIR À
15-16 °C

CARAFE
—

À BOIRE AVANT
2-3 ans

SUCRE ET ALCOOL
5,5 g/l et 13 %

CODE SAQ
13576287

3 300261 731970

12,95 $

CABERNET DE CABERNET

Paul Mas

« Il est loin d'être un "grand cru", mais il est encore plus loin d'être une vulgaire piquette anorexique ! »

ACCORDS

Voici le genre de bouteille que l'on peut déboucher en toute occasion et servir sans gêne lors d'un repas organisé à la dernière minute. Bon et pas compliqué!

ORIGINE
Languedoc – France

CÉPAGES
Cabernet franc et cabernet-sauvignon

À SERVIR À
15-16 °C

CARAFE
—

À BOIRE AVANT
2 ans

SUCRE ET ALCOOL
7 g/l et 13,5 %

CODE SAQ
11676381

3 760040 431796

14,00 $

FLOR DE CRASTO

Quinta do Crasto

« En blanc comme en rouge, ce Flor de Crasto est un bijou ibérique sans pareil ! »

ACCORDS

Voici un vin de caractère à petit prix, fait de cépages autochtones bien connus au Portugal, qui pourrait facilement devenir votre vin de semaine. Bien installé dans votre fauteuil, il ne vous restera qu'à servir des ailes de poulet et une salsa maison sur pitas grillés pour l'accompagner !

ORIGINE
Douro – Portugal

CÉPAGES
Tinta roriz, touriga francesa et touriga nacional

À SERVIR À
15-16 °C

CARAFE
—

À BOIRE AVANT
2-3 ans

SUCRE ET ALCOOL
1,8 g/l et 13,5 %

CODE SAQ
10838579

5 604123 001101

14,15 $

SIRIUS

Sichel

« Le meilleur rouge bordelais sous la barre des 15 $ auquel nous avons goûté à ce jour ! »

ACCORDS

Bordeaux et agneau font une équipe d'enfer ! Optez pour un bon ragoût ou un mijoté d'agneau printanier avec navets, pommes de terre et carottes.

ORIGINE
Bordeaux – France

CÉPAGES
Cabernet et merlot

À SERVIR À
16-17 °C

CARAFE
—

À BOIRE AVANT
2-3 ans

SUCRE ET ALCOOL
2,2 g/l et 13 %

CODE SAQ
223537

3 394150 008717

14,40 $

LES BRETÈCHES

Kefraya

« Un cru libanais savoureux, sudiste et épicé. »

ACCORDS

Les épices bien parfumées d'un plat libanais, tel un shish taouk au poulet ou un souvlaki d'agneau, vous feront profiter de cet élégant nectar à son meilleur.

ORIGINE
Vallée de la Bekaa – Liban

CÉPAGES
Cabernet-sauvignon, syrah, carignan et cinsault

À SERVIR À
16 °C

CARAFE
—

À BOIRE AVANT
2-3 ans

SUCRE ET ALCOOL
2,5 g/l et 14 %

CODE SAQ
443317

5 281004 011185

14,40 $

GALARNEAU

Jean-Noël Bousquet

« Une autre cuvée sans faille du talentueux vigneron Jean-Noël Bousquet. »

ACCORDS

Servi avec une tendre brochette de bœuf avec marinade au vin rouge accompagnée d'un riz pilaf aux oignons et poivrons, l'assemblage de grenache et de syrah brille !

ORIGINE
Languedoc – France

CÉPAGES
Grenache et syrah

À SERVIR À
15-16 °C

CARAFE
—

À BOIRE AVANT
2-3 ans

SUCRE ET ALCOOL
2,7 g/l et 13,5 %

CODE SAQ
13993259

3 564731 230220

15,30 $

SAULO

Espelt

« Un rouge catalan jeune, pimpant, sudiste et énergique. »

ACCORDS

Ne cherchez plus : voici la cuvée à servir au méchoui familial ! Accompagné d'un savoureux riz au safran, ce vin vous transportera directement en Espagne, un verre à la main.

ORIGINE
Empordà – Catalogne – Espagne

CÉPAGES
Grenache et carignan

À SERVIR À
15-16 °C

CARAFE
—

À BOIRE AVANT
3 ans

SUCRE ET ALCOOL
2,3 g/l et 14,5 %

CODE SAQ
10856241

0 805109 445031

15,50 $

CLOS LA COUTALE

Bernède et Fils

« Un vin abordable et sans complexe de la très connue appellation Cahors. »

ACCORDS

Élevé en barrique et en foudre pendant un an, ce Cahors bien équilibré se régalera de vos petites pointes de pizza fine au canard confit ou encore d'une fondue chinoise dégustée en famille.

ORIGINE
Cahors – Sud-Ouest – France

CÉPAGE
Malbec

À SERVIR À
16-17 °C

CARAFE
20-30 minutes

À BOIRE AVANT
7-8 ans

SUCRE ET ALCOOL
2,6 g/l et 13,5 %

CODE SAQ
857177

3 499290 000017

15,75 $

CÔTES DU RHÔNE RÉSERVE

Famille Perrin

« Une fiole du Rhône signée par l'une des plus réputées familles de la planète vin. »

ACCORDS

Vous salivez déjà à l'idée de déguster l'un des fameux vins à base de grenache de la famille Perrin ? Imaginez si vous l'accompagniez de raviolis de bœuf ou d'une côtelette de porc canneberges et érable !

ORIGINE
Côtes du Rhône – Rhône – France

CÉPAGES
Grenache, mourvèdre et syrah

À SERVIR À
16 °C

CARAFE
—

À BOIRE AVANT
3-4 ans

SUCRE ET ALCOOL
2,3 g/l et 13,5 %

CODE SAQ
363457

0 631470 000131

15,80 $

TENUTA SASSOREGALE

San Disdagio

« Une belle façon d'effectuer ses premiers pas vers les rouges de l'enivrante Toscane ! »

ACCORDS

La structure et les doux tanins de ce vin se marieront à merveille à un plat à la sauce tomate, basilic et ail faite maison. Escalope de veau parmigiana, pâtes fraîches à la saucisse italienne ou aux crevettes... Laissez aller votre imagination !

ORIGINE
Maremma – Toscane – Italie

CÉPAGE
Sangiovese

À SERVIR À
16 °C

CARAFE
—

À BOIRE AVANT
2-3 ans

SUCRE ET ALCOOL
1,8 g/l et 15,5 %

CODE SAQ
13690127

8 001231 001264

15,90 $

EDITION 1912M

Château Pesquié

« Du Rhône méridional ; beau, bon et pas cher. »

ACCORDS

Une bavette de bœuf au poivre grillée et accompagnée d'une purée de pommes de terre parfaitement crémeuse, le tout garni d'une riche sauce demi-glace à l'échalote et vin rouge : avouez que ça donne envie !

ORIGINE
Ventoux – Rhône – France

CÉPAGES
Grenache et syrah

À SERVIR À
16-17 °C

CARAFE
—

À BOIRE AVANT
3 ans

SUCRE ET ALCOOL
2,4 g/l et 14 %

CODE SAQ
743922

3 760149 592145

16,10 $

CHÂTEAU PUY-LANDRY

Moro

« Un bon bordeaux comme celui-ci à seulement 15-16 $ la quille, c'est quasi introuvable ! »

ACCORDS

Un rôti de palette à la mijoteuse bien garni de légumes-racines, ou même un braisé de bœuf au vin rouge, et votre parfait duo vin-*comfort food* sera complet.

ORIGINE
Côtes de Castillon – Bordeaux – France

CÉPAGES
Merlot, cabernet franc et cabernet-sauvignon

À SERVIR À
16-17 °C

CARAFE
—

À BOIRE AVANT
4-5 ans

SUCRE ET ALCOOL
2,2 g/l et 12,5 %

CODE SAQ
852129

3 760086 380027

16,65 $

CASTELINHO

Christie's Douro Wines

« Un rouge du Douro ayant des similitudes aromatiques avec les célèbres portos. »

ACCORDS

La bouche pleine de vie de ce vin s'accordera à merveille avec une raclette entre amis tout comme un smoked meat accompagné de frites relevées.

ORIGINE
Douro – Portugal

CÉPAGES
Touriga nacional, touriga francesa, tinta roriz et tinta barroca

À SERVIR À
16 °C

CARAFE
—

À BOIRE AVANT
3-4 ans

SUCRE ET ALCOOL
2,4 g/l et 13,5 %

CODE SAQ
11115073

5 603196 002534

16,90 $

VIEILLE MULE

Jeff Carrel

« Un flacon exclusivement fait de grenache qui est aussi beau en dehors qu'en dedans ! »

ACCORDS

Une belle brochette de bœuf servie sur un couscous aux légumes ou un tajine marocain légèrement relevé accompagnera à merveille les saveurs du grenache.

ORIGINE
Roussillon – France

CÉPAGE
Grenache

À SERVIR À
16 °C

CARAFE
—

À BOIRE AVANT
2-3 ans

SUCRE ET ALCOOL
2,6 g/l et 14 %

CODE SAQ
13284604

3 700290 102688

17,40 $

MAS CATALÀ

Buil & Giné

« Vous craquerez pour son petit accent sudiste et son profil méditerranéen. »

ACCORDS

Vous aimez cuisiner, et la paëlla n'a plus de secrets pour vous ? Voici la fiole aux accents méditerranéens parfaite pour accompagner ce plat de fruits de mer parfumé aux saveurs espagnoles.

ORIGINE
Terra Alta – Catalogne – Espagne

CÉPAGES
Grenache et syrah

À SERVIR À
16 °C

CARAFE
—

À BOIRE AVANT
2-3 ans

SUCRE ET ALCOOL
2,1 g/l et 14 %

CODE SAQ
13566257

8 437004 733771

17,40 $

MAS LAS CABES

Jean Gardiès

« Un cru à l'accent du Sud qui vous charmera à coup sûr ! »

ACCORDS

Frais, harmonieux et doté de tanins soyeux, ce vin s'accordera superbement à de belles côtelettes d'agneau au romarin ou à un magret de canard, sauce aux canneberges. Son nez de violette et d'olives noires ferait aussi bon ménage avec une pizza à la grecque avec feta et tomates cerises.

ORIGINE
Côtes du Roussillon Villages – Roussillon – France

CÉPAGES
Syrah, grenache et mourvèdre

À SERVIR À
15-16 °C

CARAFE
—

À BOIRE AVANT
2-3 ans

SUCRE ET ALCOOL
1,5 g/l et 14 %

CODE SAQ
11096159

3 760039 380463

17,65 $

LE PIANETTE

Fattoria Fibbiano

« La "soif", la chair et la fraîcheur se sont donné rendez-vous sous le même bouchon. »

ACCORDS

Vous vous demandez toujours quel vin servir avec votre spaghetti et votre meilleure sauce bolognaise maison? Arrêtez de chercher et succombez à ce merveilleux toscan!

ORIGINE
Toscane – Italie

CÉPAGES
Sangiovese et colorino

À SERVIR À
16-17 °C

CARAFE
—

À BOIRE AVANT
3-4 ans

SUCRE ET ALCOOL
2,8 g/l et 13,5 %

CODE SAQ
13675576

0 080397 040070

17,75 $

TERRASSES

Château Pesquié

« Toutes les cuvées du Château Pesquié sont impeccables, et celle-ci ne fait pas exception ! »

ACCORDS

À servir avec un couscous aux merguez et sauce tomate qui flirtera avec les notes de poivre et d'eucalyptus du Ventoux.

ORIGINE
Ventoux – Rhône – France

CÉPAGES
Grenache et syrah

À SERVIR À
16 °C

CARAFE
—

À BOIRE AVANT
3-4 ans

SUCRE ET ALCOOL
2,5 g/l et 14 %

CODE SAQ
10255939

3 760149 591032

17,95 $

VALE DE CAVALOS

Poças

« Vous en aurez plein les babines et plein les papilles avec cette cuvée du Portugal septentrional ! »

ACCORDS

Profonde, goûteuse et remplie de charme, cette cuvée élevée quelques mois en fût de chêne donnera du tonus à votre braisé de bœuf et même à un jarret d'agneau confit et nappé d'une sauce émulsionnée au foie gras.

ORIGINE
Douro – Portugal

CÉPAGES
Touriga nacional, touriga francesa et touriga roriz

À SERVIR À
16 °C

CARAFE
—

À BOIRE AVANT
3-4 ans

SUCRE ET ALCOOL
2,5 g/l et 14 %

CODE SAQ
12455184

5 601085 000685

18,45 $

THE DRIFTER

Adi Badenhorst

« Sortez des sentiers battus en goûtant ce rassasiant cinsault sud-africain. »

ACCORDS

Ce coup de cœur appelle au partage d'une belle assiette de charcuteries et de saucissons (salami, chorizo, prosciutto, jambon serrano, etc.) à la maison. Faites-vous plaisir!

ORIGINE
Swartland – Afrique du Sud

CÉPAGE
Cinsault

À SERVIR À
16 °C

CARAFE
—

À BOIRE AVANT
2-3 ans

SUCRE ET ALCOOL
3 g/l et 13 %

CODE SAQ
13057997

6 009800 591729

18,80 $

MAREMMA TOSCANA ROSSO

Berretta

« Une belle balade en Toscane en classe économique. »

ACCORDS

Avec ce vin italien, vous pourrez explorer une panoplie de plats en sauce tomate. C'est le moment de cuisiner un savoureux osso buco *alla* milanaise !

ORIGINE
Maremma – Toscane – Italie

CÉPAGES
Sangiovese et cabernet-sauvignon

À SERVIR À
16-17 °C

CARAFE
—

À BOIRE AVANT
3-4 ans

SUCRE ET ALCOOL
4 g/l et 14 %

CODE SAQ
12054217

8 050612 220008

18,80 $

MORAZA

« Une fiole hispanique signée par un dynamique duo québécois et espagnol. »

ACCORDS

Un pain de viande de gibier ou un cipaille accompagné d'une sauce aux prunes se marierait à merveille avec l'équilibre de ce Rioja.

ORIGINE
Rioja – Espagne

CÉPAGE
Tempranillo

À SERVIR À
16 °C

CARAFE
—

À BOIRE AVANT
3-4 ans

SUCRE ET ALCOOL
1,2 g/l et 13 %

CODE SAQ
12473825

8 437011 734068

18,90 $

MARIE-GABRIELLE

Cazes

« Du vrai, du bon, du frais, du bio... J'aime ce vin ! »

ACCORDS

Pourvu de tanins fins et d'arômes de petits fruits rouges, ce Côtes du Roussillon donnera du *pep* à votre recette de volaille en sauce légèrement tomatée. Avec son côté gourmand et chaleureux, il sera le compagnon idéal pour vous et vos amis autour d'un feu de foyer.

ORIGINE
Côtes du Roussillon – Roussillon – France

CÉPAGES
Syrah, grenache et mourvèdre

À SERVIR À
16 °C

CARAFE
—

À BOIRE AVANT
3-4 ans

SUCRE ET ALCOOL
3 g/l et 13,5 %

CODE SAQ
851600

3 248840 303098

19,05 $

VIEILLES VIGNES CHÂTEAU DE NAGES

Michel Gassier

« Les amoureux d'assemblage de type GSM (grenache, syrah et mourvèdre) en auront plein les babines. »

ACCORDS

Délicieux avec une côtelette de porc moutarde et fines herbes ou tout simplement avec un cheeseburger au fromage artisanal.

ORIGINE
Costières de Nîmes – Rhône – France

CÉPAGES
Grenache, syrah et mourvèdre

À SERVIR À
16 °C

CARAFE
—

À BOIRE AVANT
3-4 ans

SUCRE ET ALCOOL
2,5 g/l et 15 %

CODE SAQ
12268231

0 690604 000133

19,05 $

BLAU

Cellers Can Blau

« Amoureux de rouges aux saveurs intenses et affirmées, foncez sur ce vin catalan ! »

ACCORDS

Ses arômes de fumée, d'épices, de lavande et de cerises noires lui permettront de s'accorder avec un filet de porc grillé (et surtout rosé!) accompagné d'une réduction de petits fruits et de glace de viande, le tout servi sur une purée de carottes et navet.

ORIGINE
Montsant – Catalogne – Espagne

CÉPAGES
Mazuelo, grenache et syrah

À SERVIR À
16 °C

CARAFE
—

À BOIRE AVANT
3-4 ans

SUCRE ET ALCOOL
1,7 g/l et 14 %

CODE SAQ
11962897

8 437005 068971

19,05 $

EL BONHOMME

Nathalie Bonhomme

« Un vin aussi accessible, sympathique et sans prétention que Nathalie Bonhomme, la dame qui l'a vinifié. »

ACCORDS

Issu de mourvèdre et de cabernet-sauvignon à part égale, ce vin moyennement corsé et subtilement boisé est tout en fraîcheur et s'enticherait volontiers d'un filet de veau rosé avec beurre maître d'hôtel et purée de chou-fleur.

ORIGINE
Valence – Espagne

CÉPAGES
Cabernet-sauvignon et mourvèdre

À SERVIR À
16 °C

CARAFE
—

À BOIRE AVANT
3-4 ans

SUCRE ET ALCOOL
2 g/l et 13,5 %

CODE SAQ
11157185

8 437006 989046

19,10 $

NICOLAS

Domaine Lafage

« Un grenache généreux, présent et hyper juteux possédant une belle dimension. »

ACCORDS

Ce vin du Sud sera le complice parfait pour une série de côtes levées au barbecue accompagnées de frites maison au parmesan et d'une mayonnaise au cari, ou encore de rigatonis au veau légèrement nappés d'une sauce aux morilles.

ORIGINE
Roussillon – France

CÉPAGE
Grenache

À SERVIR À
16 °C

CARAFE
—

À BOIRE AVANT
3-4 ans

SUCRE ET ALCOOL
4,1 g/l et 15 %

CODE SAQ
12211366

3 760031 472999

19,15 $

CORTES DE CIMA

« Assurément l'un des plus satisfaisants rouges à moins de 20 $ à la SAQ. »

ACCORDS

Pensez à un magret de canard accompagné d'une purée de panais et d'une sauce aux bleuets pour faire ressortir les arômes envoûtants de cette cuvée.

ORIGINE
Alentejo – Portugal

CÉPAGES
Aragonez, syrah, cabernet-sauvignon et petit verdot

À SERVIR À
16-17 °C

CARAFE
—

À BOIRE AVANT
3-4 ans

SUCRE ET ALCOOL
3 g/l et 14 %

CODE SAQ
10944380

5 603790 001315

19,20 $

RIPASSO – MONTECORNA

Remo Farina

« Un Ripasso de belle définition qui fera grande impression sur vos plats de longue cuisson, en saison automnale ou hivernale. »

ACCORDS

Avec de bons plats copieux et réconfortants, comme une joue de veau braisée accompagnée de raviolis farcis à la courge, vous créerez une expérience gustative à faire des jaloux !

ORIGINE
Valpolicella Classico Superiore – Vénétie – Italie

CÉPAGES
Rondinella, molinara et corvina

À SERVIR À
16-17 °C

CARAFE
—

À BOIRE AVANT
5-6 ans

SUCRE ET ALCOOL
6,3 g/l et 14 %

CODE SAQ
908269

0 745163 232102

19,35 $

CHIANTI CLASSICO RISERVA

Piccini

« Un chianti caressant et vachement plaisant avec quelques millésimes derrière la cravate. »

ACCORDS

Un osso buco de veau, un carré d'agneau au romarin, un magret de canard avec sauce aux cerises, une fondue chinoise ou une raclette ? Toutes ces réponses sont bonnes !

ORIGINE
Chianti Classico – Toscane – Italie

CÉPAGE
Sangiovese

À SERVIR À
16-17 °C

CARAFE
—

À BOIRE AVANT
3-4 ans

SUCRE ET ALCOOL
2,7 g/l et 13 %

CODE SAQ
11768795

8 002793 790009

19,40 $

SAINT COSME

Louis et Cherry Barruol

« Amateurs de juteuse et friande syrah rhodanienne, à vos marques ! »

ACCORDS

Sa texture ample conviendra parfaitement à des côtelettes d'agneau grillées ou à une bavette de veau aux herbes de Provence.

ORIGINE
Côtes du Rhône – Rhône – France

CÉPAGES
Syrah et grenache

À SERVIR À
16 °C

CARAFE
—

À BOIRE AVANT
4-5 ans

SUCRE ET ALCOOL
2,7 g/l et 14 %

CODE SAQ
11455342

3 483812 150007

19,50 $

TOSCANA ROSSO

Altesino

« De la belle et bonne Toscane à facture tout à fait modérée. »

ACCORDS

Laissez-vous charmer par une cassolette de boudin noir ou un burger de bœuf au cheddar et bacon. Des saveurs simples, mais ô combien satisfaisantes pour accompagner ce vin italien!

ORIGINE
Toscane – Italie

CÉPAGES
Sangiovese, cabernet-sauvignon et merlot

À SERVIR À
16-17 °C

CARAFE
—

À BOIRE AVANT
3-4 ans

SUCRE ET ALCOOL
2,4 g/l et 13,5 %

CODE SAQ
10969763

8 016763 620036

19,65 $

DEVOIS DES AGNEAUX D'AUMELAS

Vignobles JeanJean

« Un rouge à 20 $ qui pourra déculotter bien des maigrichons pinards commerciaux offerts à 4-5 $ de plus. »

ACCORDS

Issu des hauteurs du plateau d'Aumelas, ce vin du vignoble du Devois des Agneaux rehaussera à merveille un carré de porc grillé avec ses arômes complexes de garrigues, de fruits noirs et d'épices.

ORIGINE
Languedoc – France

CÉPAGES
Syrah et grenache

À SERVIR À
16 °C

CARAFE
—

À BOIRE AVANT
5-6 ans

SUCRE ET ALCOOL
2 g/l et 13,5 %

CODE SAQ
912311

3 186127 769819

19,80 $

ABBOTSDALE

Bryan MacRobert

« Une envoûtante syrah sud-africaine ayant des airs européens. »

ACCORDS

Avec ses arômes de clou de girofle et de poivre noir, cette syrah épaulera à merveille un carpaccio de bœuf ou une salade de lentilles, feta et olives noires, et requerra à coup sûr une autre gorgée.

ORIGINE
Swartland – Afrique du Sud

CÉPAGE
Syrah

À SERVIR À
16 °C

CARAFE
30 minutes

À BOIRE AVANT
3-4 ans

SUCRE ET ALCOOL
1,2 g/l et 13,5 %

CODE SAQ
13737853

0 700083 302311

19,95 $

AMARANTE

Château Rouquette sur Mer

« Surtout, ne passez pas tout droit devant une tablette qui présente cet incontournable flacon languedocien ! »

ACCORDS

Servi avec un burger d'agneau garni de laitue, de tomate et de fromage de chèvre crémeux ou avec un bœuf bourguignon… Du plaisir garanti !

ORIGINE
La Clape – Languedoc – France

CÉPAGES
Grenache, syrah, carignan et mourvèdre

À SERVIR À
16 °C

CARAFE
—

À BOIRE AVANT
3-4 ans

SUCRE ET ALCOOL
1,8 g/l et 13,5 %

CODE SAQ
713263

3 438190 004015

20,00 $

SYRAH-MALBEC

Finca Agostino

« Un assemblage de syrah et de malbec coloré, parfumé, fourni et fort gourmand. »

ACCORDS

Avec son nez profond de fruits séchés et présentant une bouche légèrement épicée, cet assemblage aux nuances violacées se conjuguerait à merveille avec un filet de porc grillé, et même avec de petits gibiers servis sur un ragoût de lentilles.

ORIGINE
Mendoza – Argentine

CÉPAGES
Syrah et malbec

À SERVIR À
16 °C

CARAFE
—

À BOIRE AVANT
3 ans

SUCRE ET ALCOOL
2,4 g/l et 13,9 %

CODE SAQ
13203157

7 798132 910801

20,20 $

CHÂTEAU BOUSCASSÉ

Alain Brumont

« Un rouge qui a le caractère et l'intensité de l'homme qui l'a mis en bouteille : Alain Brumont. »

ACCORDS

Doté d'une bouche bien charnue, ce nectar tout en puissance et au fruité délicat s'accommodera à tous les types de viande rouge bien saignante ainsi qu'à une panoplie de plats mijotés et bien épicés.

ORIGINE
Madiran – Sud-Ouest – France

CÉPAGES
Tannat, cabernet-sauvignon et cabernet franc

À SERVIR À
17 °C

CARAFE
30 minutes

À BOIRE AVANT
10 ans

SUCRE ET ALCOOL
2,1 g/l et 14 %

CODE SAQ
856575

3 372220 160008

20,70 $

LES CRANILLES

Les Vins de Vienne

« Une emplette quasi sans rivale pour seulement 20 huards ! »

ACCORDS

Entrecôte et bavette de bœuf simplement assaisonnées sont des compagnes idéales pour ce vin aux arômes de poivre et de violette.

ORIGINE
Côtes du Rhône – Rhône – France

CÉPAGES
Grenache, syrah et carignan

À SERVIR À
16 °C

CARAFE
—

À BOIRE AVANT
3-4 ans

SUCRE ET ALCOOL
2,6 g/l et 13,5 %

CODE SAQ
722991

3 760098 130375

20,70 $

LE COMBAL

Cosse-Maisonneuve

« Un cahors qui se déguste à merveille dès maintenant, mais qui pourrait séjourner encore quelques années en cave. »

ACCORDS

À servir avec des pâtes au canard confit, échalotes françaises et tombée de tomates fraîches du jardin. Vous pourriez aussi vous régaler d'une belle côte de bœuf bien juteuse.

ORIGINE
Cahors – Sud-Ouest – France

CÉPAGES
Malbec, merlot et tannat

À SERVIR À
16-17 °C

CARAFE
30-40 minutes

À BOIRE AVANT
5-6 ans

SUCRE ET ALCOOL
1,6 g/l et 13 %

CODE SAQ
10675001

3 760037 012069

21,15 $

LA ZARCITA

Alvear

« Un rouge éclectique, différent, déstabilisant... mais ô combien satisfaisant ! »

ACCORDS

Souple, digeste et même épicée, cette cuvée fera plaisir aux adeptes de volaille grillée. Que vous optiez pour une poitrine, une cuisse ou un haut de cuisse, misez sur une marinade simple: huile d'olive, ail, vinaigre balsamique, sirop d'érable et jus de citron.

ORIGINE
Estrémadure – Espagne

CÉPAGES
Grenache, touriga nacional, trincadeira et syrah

À SERVIR À
16-17 °C

CARAFE
—

À BOIRE AVANT
3-4 ans

SUCRE ET ALCOOL
2 g/l et 13,5 %

CODE SAQ
13844350

8 410487 921934

21,45 $

CÔTE DE BROUILLY

Stéphane Aviron

« Un cru du Beaujolais qui est bon à en lécher sa coupe. »

ACCORDS

Puisqu'ici on joue plutôt dans la délicatesse, la souplesse et la dentelle que dans la puissance et la robustesse, vous n'aurez besoin que d'une belle assiette de charcuteries, de terrines et de saucissons pas trop relevés ainsi que de quelques invités bons rieurs pour passer un agréable moment.

ORIGINE
Côte de Brouilly – Beaujolais – France

CÉPAGE
Gamay

À SERVIR À
15-16 °C

CARAFE
—

À BOIRE AVANT
6-7 ans

SUCRE ET ALCOOL
2,7 g/l et 13 %

CODE SAQ
14015094

3 760072 230237

21,60 $

GRAND CLASSIQUE

Cave de Tain l'Hermitage

« Un bon Crozes-Hermitage à moins de 22 $?!? Pincez-moi quelqu'un ! »

ACCORDS

Osez le mélange de saveurs et optez pour des pâtes fraîches au canard confit rehaussées de belles olives noires.

ORIGINE
Crozes-Hermitage – Rhône – France

CÉPAGE
Syrah

À SERVIR À
16 °C

CARAFE
—

À BOIRE AVANT
5-6 ans

SUCRE ET ALCOOL
2,8 g/l et 13 %

CODE SAQ
10678237

3 234783 103901

21,85 $

GINÉ GINÉ

Buil & Giné

« Un cru du Priorat au profil fumé et épicé qui laissera peu de dégustateurs indifférents. »

ACCORDS

Ce vin est tout désigné pour un foie de veau ou une brochette de filet de porc, sauce lyonnaise au beurre, vin blanc et vinaigre.

ORIGINE
Priorat – Catalogne – Espagne

CÉPAGES
Grenache et carignan

À SERVIR À
16 °C

CARAFE
—

À BOIRE AVANT
3-4 ans

SUCRE ET ALCOOL
2,1 g/l et 14 %

CODE SAQ
11337910

0 896612 001012

22,50 $

CONDE VALDEMAR RESERVA

Bodegas Valdemar

« Envie de déguster une quille de presque 10 ans d'âge sans malmener votre carte de crédit ? »

ACCORDS

Misez sur les sauces épaisses et réconfortantes, comme celle d'un sauté de filet de porc chasseur ou d'un bœuf aux légumes, afin de faire ressortir le côté chaleureux de cette réserve espagnole.

ORIGINE
Rioja – Espagne

CÉPAGES
Tempranillo, grenache et mazuelo

À SERVIR À
16 °C

CARAFE
—

À BOIRE AVANT
2-3 ans

SUCRE ET ALCOOL
1,8 g/l et 13,5 %

CODE SAQ
882761

0 745641 055001

22,65 $

IJALBA RESERVA

Vina Ijalba

« Un rouge de la Rioja moderne, goûteux, passablement complexe, détaillé et tout en saveur. »

ACCORDS

Pourquoi ne pas opter pour une sauce Général Tao riche et sucrée pour accompagner la chaleur de cette cuvée espagnole ? Poulet, tofu, porc… À vous de choisir !

ORIGINE
Rioja – Espagne

CÉPAGES
Tempranillo et graciano

À SERVIR À
16-17 °C

CARAFE
—

À BOIRE AVANT
3-4 ans

SUCRE ET ALCOOL
1,5 g/l et 13,5 %

CODE SAQ
478743

8 423309 033005

23,15 $

CABURNIO

Tenuta Monteti

« Un vin italien qui fera de merveilleux agencements avec des pâtes nappées de votre meilleure sauce à spag. »

ACCORDS

Complexe et doté d'une belle fraîcheur, en plus de présenter une excellente «buvabilité», ce toscan d'assemblage fera d'une bavette de bœuf grillée avec sauce aux chanterelles un repas inoubliable.

ORIGINE
Maremma – Toscane – Italie

CÉPAGES
Cabernet-sauvignon, alicante bouschet et merlot

À SERVIR À
16-17 °C

CARAFE
—

À BOIRE AVANT
2 ans

SUCRE ET ALCOOL
2,2 g/l et 13,5 %

CODE SAQ
11305580

8 033269 000018

23,45 $

VIEUX CHÂTEAU CHAMPS DE MARS

Moro

« Une gâterie bordelaise qui ne vous laissera point sur votre appétit (ou plutôt, sur votre soif !). »

ACCORDS

Ce joli bordeaux aura autant de plaisir avec un *T-Bone* sur le gril et sa poêlée de champignons qu'avec un mijoté de veau marengo accompagné d'un couscous aux légumes du jardin.

ORIGINE
Côtes de Castillon – Bordeaux – France

CÉPAGES
Merlot, cabernet franc et cabernet-sauvignon

À SERVIR À
17 °C

CARAFE
—

À BOIRE AVANT
6-7 ans

SUCRE ET ALCOOL
2 g/l et 14 %

CODE SAQ
10264860

3 760086 380089

23,60 $

TENUTA PERANO

Frescobaldi

« Encore une cuvée digne de mention de la notoire famille Frescobaldi. »

ACCORDS

Vous pourriez le déguster avec des rigatonis au veau à la sauce tomate maison rehaussés de quelques copeaux de parmesan.

ORIGINE
Chianti Classico – Toscane – Italie

CÉPAGES
Sangiovese et merlot

À SERVIR À
16-17 °C

CARAFE
—

À BOIRE AVANT
4-5 ans

SUCRE ET ALCOOL
1,7 g/l et 13,5 %

CODE SAQ
13860270

8 007425 162162

23,80 $

POGGIO AI GINEPRI

Argentiera

« Un flacon italien aussi généreux que savoureux qui pourra somnoler quelques années en cave. »

ACCORDS

Avec une cuisse de canard confite et un sauté de champignons sauvages au beurre et thym, votre palais sera séduit.

ORIGINE
Bolgheri – Toscane – Italie

CÉPAGES
Cabernet-sauvignon, syrah, merlot et petit verdot

À SERVIR À
16-17 °C

CARAFE
30 minutes

À BOIRE AVANT
5-6 ans

SUCRE ET ALCOOL
2,8 g/l et 13,5 %

CODE SAQ
11161299

8 032937 583105

24,15 $

ROSSO DI MONTALCINO

Col d'Orcia

« Le jeune frangin d'un grand Brunello di Montalcino qui se déguste à merveille dès maintenant. »

ACCORDS

Un gigot d'agneau braisé, aromatisé de romarin et de belles gousses d'ail serait en parfaite harmonie avec ce Rosso.

ORIGINE
Rosso di Montalcino – Toscane – Italie

CÉPAGE
Sangiovese

À SERVIR À
16-17 °C

CARAFE
—

À BOIRE AVANT
4-5 ans

SUCRE ET ALCOOL
3,2 g/l et 14,5 %

CODE SAQ
13927964

8 016760 002620

24,35 $

LAMOLE DI LAMOLE CHIANTI CLASSICO

Tenimenti Pile & Lamole

« Un chianti tout en saveur qui vous fera vite oublier les maigrichons rouges de cette appellation que nos parents buvaient dans les années 70-80. »

ACCORDS

C'est l'heure! Sortez votre meilleure recette de pâte à pizza maison, garnissez-la de prosciutto, de roquette, d'un filet d'huile d'olive et de poivre du moulin pour une soirée « à l'italienne » dont vos invités se souviendront.

ORIGINE
Chianti Classico – Toscane – Italie

CÉPAGES
Sangiovese, cabernet-sauvignon et merlot

À SERVIR À
16-17 °C

CARAFE
—

À BOIRE AVANT
4-5 ans

SUCRE ET ALCOOL
1,9 g/l et 13,5 %

CODE SAQ
13426001

8 001231 050415

24,35 $

BOURGOGNE

Chanson Père & Fils

« Un rare et tout à fait recommandable pinot noir bourguignon sous la barre des 25 $. »

ACCORDS

Avec une escalope ou des ris de veau nappés d'une sauce aux shiitakes, ce pinot généreux et raffiné fera ressortir la délicatesse de votre plat.

ORIGINE
Bourgogne – France

CÉPAGE
Pinot noir

À SERVIR À
15-16 °C

CARAFE
—

À BOIRE AVANT
3-4 ans

SUCRE ET ALCOOL
2 g/l et 12,5 %

CODE SAQ
11598394

3 342830 159105

24,60 $

JOEL GOTT 815

Trinchero

« Un *king cab* du *Golden State* aux parfums immédiats et aux tanins bien présents. »

ACCORDS

Voici le « cab » parfait pour accompagner votre pièce de bœuf préférée cuite sur le gril. Rien de plus simple : bavette, filet mignon ou onglet finement assaisonnés d'épices à steak.

ORIGINE
Californie – États-Unis

CÉPAGE
Cabernet-sauvignon

À SERVIR À
16 °C

CARAFE
—

À BOIRE AVANT
4-5 ans

SUCRE ET ALCOOL
2,5 g/l et 13,9 %

CODE SAQ
12257014

0 188985 000137

24,65 $

VIEILLES VIGNES CHÂTEAU LAFFITTE-TESTON

Jean-Marc Laffitte

« Un rouge du Sud-Ouest de la France qui pourra faire une longue sieste dans votre cellier. »

ACCORDS

Cette belle cuvée est toute désignée pour accompagner les mets à cuisson lente au four tel un rosbif en croûte de moutarde, sauce au vin rouge et champignons.

ORIGINE
Madiran – Sud-Ouest – France

CÉPAGE
Tannat

À SERVIR À
17 °C

CARAFE
1 heure

À BOIRE AVANT
7-8 ans

SUCRE ET ALCOOL
2,1 g/l et 14 %

CODE SAQ
747816

3 515780 000128

25,40 $

RIPASSO – SECCAL

Nicolis

« Un Ripasso italien qui pourra faire rougir d'envie bien des Amarones offerts à 10-15 $ de plus la bouteille... »

ACCORDS

D'un rouge rubis profond et dotée d'un intense bouquet de cerises et d'épices, cette cuvée doublement fermentée sur peaux d'Amarone saura rehausser votre entrée de tomates, mozzarella di buffala et vinaigre balsamique ou votre orgetto au canard confit et au parmesan fraîchement râpé.

ORIGINE
Valpolicella Classico Superiore – Vénétie – Italie

CÉPAGES
Corvina, rondinella, croatina et molinara

À SERVIR À
16-17 °C

CARAFE
45-60 minutes

À BOIRE AVANT
5-6 ans

SUCRE ET ALCOOL
4,7 g/l et 13,5 %

CODE SAQ
11027807

8 957570 000058

25,85 $

CHÂTEAU TREYTINS

Léon Nony

« Un Lalande-de-Pomerol qui ne laissera personne indifférent en dégustation. »

ACCORDS

Voici un vin jamais déplacé ni trop lourd qui fera l'unanimité à table accompagné d'un rôti de bœuf au jus, de légumes grillés et d'une purée de pommes de terre bien crémeuse.

ORIGINE
Lalande-de-Pomerol – Bordeaux – France

CÉPAGES
Merlot, cabernet franc et cabernet-sauvignon

À SERVIR À
17 °C

CARAFE
30-40 minutes

À BOIRE AVANT
7-8 ans

SUCRE ET ALCOOL
2,5 g/l et 13,5 %

CODE SAQ
892406

3 391263 012013

25,95 $

BROLO CAMPOFIORIN ORO

Masi

« Une autre réussite du connu et reconnu domaine Masi en Vénétie. »

ACCORDS

Fondue de cubes de bison, d'orignal ou de chevreuil, ou cuisse de canard confite et polenta feront ressortir le nez puissant de cet assemblage italien.

ORIGINE
Vénétie – Italie

CÉPAGES
Corvina et rondinella

À SERVIR À
16-17 °C

CARAFE
—

À BOIRE AVANT
6-7 ans

SUCRE ET ALCOOL
2,3 g/l et 14 %

CODE SAQ
11836364

8 002062 001546

26,60 $

PINOT NOIR

Carmel Road

« Un pinot noir californien facile, glissant, souple et peu tannique. »

ACCORDS

Vous aimez les pavés de saumon ou de thon cuisinés sur le barbecue? Voici un juteux et gourmand pinot pourvu d'une belle acidité qui vous fera réaliser que le poisson ne s'entend pas qu'avec le vin blanc.

ORIGINE
Monterey – Californie – États-Unis

CÉPAGE
Pinot noir

À SERVIR À
15-16 °C

CARAFE
—

À BOIRE AVANT
3 ans

SUCRE ET ALCOOL
2,3 g/l et 13,5 %

CODE SAQ
13921722

0 748284 002838

29,10 $

LA MASSA

Giampaolo Motta

« Votre patience et/ou une bonne aération en carafe lui seront grandement bénéfiques ! »

ACCORDS

Légèrement épicé et bien nuancé, La Massa rehaussera un cuissot de cerf saignant cuit sur la braise et accompagné de pommes de terre ou de haricots sautés dans l'huile d'olive.

ORIGINE
Toscane – Italie

CÉPAGES
Sangiovese, cabernet-sauvignon, alicante et merlot

À SERVIR À
16-17 °C

CARAFE
30-40 minutes

À BOIRE AVANT
7-8 ans

SUCRE ET ALCOOL
2 g/l et 14 %

CODE SAQ
10517759

0 839343 000756

29,60 $

CROZES-HERMITAGE

Guigal

« Une syrah du Rhône septentrional juteuse, engageante, parfumée et hyper sensuelle. »

ACCORDS

Une excellente syrah pour accompagner une panoplie de viandes saignantes, grillées et marinées aux herbes fraîches et poivre du moulin.

ORIGINE
Crozes-Hermitage – Rhône – France

CÉPAGE
Syrah

À SERVIR À
16 °C

CARAFE
–

À BOIRE AVANT
6-7 ans

SUCRE ET ALCOOL
2,2 g/l et 13,5 %

CODE SAQ
739243

3 536650 801003

29,60 $

VOLPOLO

Podere Sapaio

« Un autre cru toscan qui fera briller les yeux des gens qui vous sont chers. »

ACCORDS

Comme son grand frère Sapaio, Volpolo fait honneur à son origine par l'expression de son terroir. Servez-le avec des crostinis et une bruschetta en entrée, et ouvrez une deuxième bouteille pour accompagner un plat de rognons de veau braisé servis sur une purée de courge.

ORIGINE
Bolgheri – Toscane – Italie

CÉPAGES
Cabernet-sauvignon, merlot et petit verdot

À SERVIR À
16-17 °C

CARAFE
30-40 minutes

À BOIRE AVANT
7-8 ans

SUCRE ET ALCOOL
1,6 g/l et 14,5 %

CODE SAQ
12488605

8 033315 791204

29,85 $

LE VOLTE

Ornellaia

« Un cru toscan dimensionnel et tout en saveurs qui fera frétiller bien des papilles. »

ACCORDS

C'est le moment d'impressionner vos amis avec votre meilleure recette de tartare de bœuf ou de viande rouge de gibier. En assaisonnement: ail, parmesan râpé, fraises coupées en petit dés et un filet de caramel de vinaigre balsamique, et le tour est joué!

ORIGINE
Toscane – Italie

CÉPAGES
Merlot, sangiovese et cabernet-sauvignon

À SERVIR À
16-17 °C

CARAFE
30-40 minutes

À BOIRE AVANT
7-8 ans

SUCRE ET ALCOOL
3,4 g/l et 13,5 %

CODE SAQ
10938684

0 818201 020983

39,85 $

KNIGHTS VALLEY

Beringer

« Un cabernet californien expressif, engageant et hyper fourni. »

ACCORDS

Voici le vin parfait pour accompagner un carré d'agneau bien juteux ou un filet mignon de bœuf AAA servi avec une sauce au foie gras et champignons sauvages.

ORIGINE
Knights Valley – Californie – États-Unis

CÉPAGE
Cabernet-sauvignon

À SERVIR À
16-17 °C

CARAFE
—

À BOIRE AVANT
6-7 ans

SUCRE ET ALCOOL
2,6 g/l et 14,3 %

CODE SAQ
352583

0 089819 003471

49,85 $

BRUNELLO DI MONTALCINO

Barbi

« Un rouge toscan imprégnant, plein, fourni et délicieux. »

ACCORDS

Les grands vins appellent les grands classiques. Risotto crémeux à la truffe avec foie gras de canard : simple, mais tellement délicieux !

ORIGINE
Brunello di Montalcino – Toscane – Italie

CÉPAGE
Sangiovese grosso

À SERVIR À
17-18 °C

CARAFE
1-2 heures

À BOIRE AVANT
10-12 ans

SUCRE ET ALCOOL
1,9 g/l et 13,5 %

CODE SAQ
11213343

8 008003 939312

Conseils & recommandations

Lettre à toi, qui n'as jamais bu de vin

Pour un chroniqueur vin, il y a très peu de choses aussi gratifiantes que de se faire dire: «Moi, je ne bois pas d'alcool, mais quand tu en parles, ça me donne envie d'en boire!», que ce soit par des jeunes au début de la vingtaine ou tout simplement par des gens qui n'ont pas grandi en voyant leurs parents déguster une ou deux bouteilles hebdomadairement. Le nombre de personnes qui me demandent une suggestion de bouteille pour faire leurs premiers pas vers le jus de raisin fermenté est pour le moins étonnant!

«Par quoi devrais-je commencer? Quelle recommandation me fais-tu pour que je tombe en amour avec le vin?» Si vous vous reconnaissez, les prochaines lignes sont pour vous, futurs consommateurs!

Quand on fait une première approche vers le vin, il faut préconiser des vins à bonne expression aromatique, à faible acidité ainsi que des produits contenant quelques grammes de sucre résiduel. Pourquoi? Parce que notre palais est attiré et amadoué plus aisément par des vins assez parfumés, peu acides et quelque peu sucrés. Ce n'est pas un hasard qu'autant de nouveaux adeptes affectionnent les Ménage à Trois, Apothic Red, Carnivor, White Zinfandel et Cie. Ce sont des vins contenant du sucre résiduel qui sont fort expressifs au nez et qui ont un faible taux d'acidité. Vous avez donc le choix d'y aller avec ce genre de vins ou de choisir parmi les suggestions suivantes.

La personne qui n'a jamais goûté un vin (mais qui a un intérêt à le faire!) devrait se diriger vers un moscato d'Asti du Piémont. Demandez le Nivole de Michele Chiarlo à 11,60$ (979062) la demi-bouteille. C'est du muscat quelque peu mousseux (*frizzante*, comme disent les Italiens!) et ayant un léger taux d'alcool (5%). Il est vachement aguicheur et il fera plier le genou de la plupart des gens qui consomment du vin pour une toute première fois.

Vous pourriez également effectuer vos premières dégustations avec un invitant sauvignon blanc néo-zélandais. Je pense notamment au Brancott, au Matua, au Whitehaven et à l'impeccable Churton. Des blancs offrant d'engageants parfums de zeste de citron et de chair de pamplemousse qui laissent bien peu de dégustateurs indifférents.

De nombreuses cuvées alsaciennes sont également aptes à créer un coup de foudre aux non-initiés du vin. Un charmant pinot gris, un pénétrant riesling ou un exubérant gewurztraminer vous titillera les papilles en moins de deux!

Pour ce qui est des rouges à choisir pour «une première fois», voici 2-3 idées pour vous. Un zinfandel ou un cabernet bien mûr de Californie saura vous décrocher un sourire assez rapido. Faites un essai convaincant avec le cabernet-sauvignon 815 de Joel Gott à 24,60$ (12257014).

De nombreux rouges ibériques vieillis en barriques américaines sauront également séduire votre organe nasal. Optez pour ceux de Ijalba, de Eguia, de Montecillo ou de Marqués de Caceres.

Si ce n'est pas suffisant et que ces suggestions n'ont pas réussi à vous conquérir, voici votre dernier espoir. Bien peu de nouveaux disciples de Bacchus n'ont pas succombé sur-le-champ au charme immédiat du Late Harvest de Luis Felipe Edwards fait de viognier et de sauvignon en terroir chilien, à 13,60 $ (11904460) le format de 375 millilitres. Un vin blanc liquoreux à grande intensité aromatique aux flaveurs de fruits confits et de marmelade d'orange qui déstabilisera à peu près tous les «nouveaux palais». Servez-le bien frais pour accompagner une tarte aux fruits, une crème brûlée ou une terrine de foie gras.

La simple et tellement efficace règle du 30/30

La température de service de vos vins est tellement importante, car boire un vin rouge trop chaud, c'est triste, et boire un blanc glacial, ça l'est tout autant!

Est-ce qu'un vin rouge doit être servi à la température ambiante de votre demeure, qui se situe habituellement autour de 21-22 degrés Celsius? Un vin blanc doit-il être dégusté à la température de votre réfrigérateur, soit à 3-4 degrés Celsius? Pas vraiment, non! Voici donc quelques conseils de température de dégustation assez *basic*, mais tellement primordiaux pour mettre vos précieux crus en valeur.

En buvant un vin blanc dès sa sortie de votre frigo, vous profitez très peu de ses arômes. Le produit sera timide ou pratiquement «muet» sur le plan olfactif. De plus, vous accentuerez hautement la sensation d'acidité, et celle-ci sera trop marquée en bouche. Le produit sera donc mince et sans volume. En gros, servi trop froid, votre vin blanc ne sentira pas grand-chose et vous croirez presque croquer dans un citron à chaque gorgée... Disons que ça ne rend pas justice au produit et que ça ne met pas non plus le travail du vigneron ou de la vigneronne en valeur!

Pour ce qui est des rouges, trop souvent, nous les versons trop chauds et ceux-ci deviennent lourdauds, pâteux, encombrants et capiteux au gustatif. Si le vin a été vieilli en fût de chêne, le boisé sera dominant et le vin deviendra imposant et non digeste. Même son de cloche pour l'alcool: il prendra le dessus sur la fraîcheur et le fruit. On va se le dire, il faut être mal pris en ciboulot pour boire un vin rouge à température pièce! Quand on commande un verre de vin dans un resto et que celui-ci n'est pas rafraîchi, on en reprend rarement un deuxième...

RÈGLE DU 30/30

RÉFRIGÉRER 30 MINUTES AVANT DE BOIRE

SORTIR DU FRIGO 30 MINUTES AVANT DE BOIRE

Qu'est-ce qu'on peut faire, alors, pour profiter au maximum des saveurs et des arômes de nos vins, et ce, sans trop se compliquer la vie ? Retenez tout simplement la règle du 30/30 ! Celle-ci n'est pas vraiment une règle écrite dans le *Larousse des vins*, mais elle saura mettre votre divin nectar sur un piédestal.

Il suffit de sortir vos blancs du frigo une trentaine de minutes avant de les servir. De cette façon, ils gagneront quelques degrés et vous les boirez entre 9 et 11 degrés Celsius, et non au glacial 4 degrés du frigo.

Pour ce qui est des rouges, c'est tout le contraire ! Glissez-les à l'intérieur du réfrigérateur une trentaine de minutes avant de les déguster. Ça peut être 40-45 minutes, mais il est bien important de les mettre au frais pendant au moins 30 minutes.

En suivant cette simple règle, vos blancs seront plus bavards, plus détaillés au nez ainsi que moins saisissants et plus volumineux en bouche. Vous donnerez également de l'éclat, de la fraîcheur, de la précision et du fruit à vos vins rouges en prenant le temps de les rafraîchir un peu.

Certains diront que je généralise un peu fort avec cette « règle du 30/30 », mais c'est toujours mieux que de servir les vins blancs glacés ou les vins rouges à température pièce. Dans le fond, visez entre 9 et 11 degrés Celsius pour vos blancs secs (et même pour la plupart de vos rosés et de vos mousseux !). Pour vos rouges, je vous suggère de les verser entre 15 et 17 degrés Celsius. Pour ce qui est des cidres de glace et des vins liquoreux, il sera important de les servir un peu plus froids, soit entre 6 et 8 degrés.

Le dilemme entre la carafe et l'aérateur à vin

Si, vous aussi, vous vous posez la question: «Est-ce que je serais mieux d'acheter un aérateur à vin ou une carafe pour bien oxygéner mes vins?», ce texte est pour vous, car je prendrai les prochaines lignes pour bien y répondre.

Il faut savoir que le rôle premier de ces deux instruments est de donner de l'air au vin; le faire respirer, l'aérer et/ou l'oxygéner pour «ouvrir» le vin. En lui offrant de l'oxygène, vous briserez les molécules, vous rendrez les alcools plus volatils, vous libérerez les arômes et vous donnerez surtout un bon coup de main au produit pour qu'il puisse mieux s'exprimer par la suite. Le vin sera plus ouvert sur le plan olfactif et plus agréable à déguster.

L'avantage de l'aérateur par rapport à la carafe est certes son côté pratique. Il est plus petit et plus facile à transporter, il facilite le service et permet d'aérer les vins (ceux qui en ont besoin, bien sûr) un verre à la fois afin de conserver le reste dans la bouteille. Il peut aussi remplacer l'utilisation d'une carafe si le délai avant le service est court ou lorsqu'une deuxième bouteille s'amène durant le repas. Il est donc très pratique en voyage, en plein air ou dans un restaurant de type «apportez votre vin».

Toutefois, l'aérateur n'est surtout pas un produit «miracle» qui améliore le goût du vin, et en aucun cas il ne fait «vieillir le vin», comme on l'entend parfois! D'où l'importance d'une petite visite en boutique spécialisée si l'achat d'un aérateur vous intéresse pour bien vous faire conseiller.

Alors, est-ce que l'utilisation d'une carafe est préférable à celle d'un aérateur? Je ne crois pas, car ils permettent autant l'un et l'autre de bien oxygéner le vin. Remuer notre verre de façon circulaire (ce qu'on appelle «briser le disque») permet également d'aérer le vin, mais de façon moindre qu'en passant le vin en carafe ou dans l'aérateur.

Est-ce que le fait d'aérer un vin réduit sa teneur en soufre? Il y a quelques années, Distribution Vinearius a mandaté Les Laboratoires Maska de Saint-Hyacinthe de procéder à des analyses chimiques avec le fameux aérateur Décantus. Les résultats ont été pour le moins convaincants, car la moyenne de réduction de sulfites libres parmi les neuf différents vins testés était de 56%.

Pour ma part, j'affectionne davantage la carafe, parce qu'on garde un bon contrôle sur le temps d'aération et, surtout, sur la température du vin. On peut la mettre par terre sur la céramique, au frigo ou même sur la galerie, et ainsi mieux contrôler les températures de service. Il existe même des carafes avec des insertions comme un bâtonnet qu'on range au congélateur et qu'on installe à l'intérieur de la carafe pour rafraîchir le vin.

Une bouteille de vin pour mon bébé, S.V.P. !

C'est assurément l'une des questions qui revient le plus souvent dans ma boîte de courriels: «Philippe, pourrais-tu me suggérer une bonne bouteille de vin de l'année de naissance de mon enfant pour que je puisse lui ouvrir à ses 18 ans ?»

Ce genre de demande revient des dizaines de fois par semaine, et c'est tout à fait normal! Si j'étais né sous un bon millésime – car 1973 fut une année assez laborieuse, et la quasi-totalité des vins de cette récolte est essoufflée en ciboulot! –, j'aurais bien aimé que mes parents mettent un petit «*six packs*» de mon année de naissance de côté...

Alors, nouveaux parents et/ou grands-parents, c'est maintenant à vous de jouer!

D'entrée de jeu, il faut comprendre que très peu de vins de la SAQ pourront bien vieillir près de 20 ans en cave. Il faudra donc essayer de mettre la main sur une cuvée qui tiendra la route dans votre cellier ou votre cave à vin pendant presque deux décennies. Il sera primordial que vous achetiez des vins de garde. Qu'est-ce qui caractérise un vin de garde? Doté d'une forte concentration de tanins dont il s'est chargé dans sa jeunesse, ce vin puissant et aromatique présente un taux d'alcool assez élevé. De plus, son acidité joue un rôle de colonne vertébrale lors du vieillissement.

Il faudra aussi vous croiser les doigts en espérant que votre bambin ait vu le jour sous un bon millésime. Mais attention, une bonne année dans un endroit de la planète vin peut s'avérer plus difficile ailleurs. Consultez votre conseiller en vin ou trouvez un site Web qui vous informera de la qualité des millésimes selon les régions viticoles.

Un autre point important: n'achetez pas seulement une bouteille! Imaginez la déception de votre «nouvel adulte» si cette bouteille était complètement bouchonnée à son ouverture... Oufff! Mettez la main sur au moins deux ou trois quilles de ce bon pinard.

Alors, on achète quoi comme type de fiole pour bébé? Optez pour un bon barolo piémontais, un grand pinot de la Côte d'Or, un cru classé du bordelais, un volumineux amarone de Vénétie, un quasi immortel vin jaune jurassien, un cabernet californien haut de gamme, un grandissime riesling germanique, un onctueux chenin de la Loire ou un porto *vintage*. Prévoyez un minimum de 40-50 $ l'unité pour ce type de produit. Pour maximiser les chances que votre flacon soit encore en bonne forme dans 15-20 ans, optez pour des formats magnums de 1,5 litre. Ces derniers sont davantage propices au bon vieillissement du vin.

Il sera important de laisser vieillir ces bouteilles dans un endroit tout indiqué à la bonne conservation des vins. Entreposez-les couchées à la noirceur dans un endroit frais et humide de votre maison. Si vous n'avez pas ce genre de place pour les entreposer, laissez-les dans la «vraie cave à vin» d'un ami en qui vous avez confiance, qui a un bon système d'alarme et qui ne tirera pas sur un de ces bouchons lors d'une soirée bien arrosée...

Un dernier point! Si votre bébé est né au cours des deux ou trois dernières années, il faudra attendre encore au moins quelques mois avant de pouvoir acheter les bouteilles, car les vins de garde des millésimes 2018, 2019 ou 2020 ne sont pas encore arrivés sur notre marché.

Conservation 101 : cave à vin à la maison

Depuis quelques années au Québec, l'engouement entourant la dive bouteille fait que de plus en plus d'amoureux du vin désirent maximiser la conservation de leurs précieux flacons en se dotant d'un cellier personnel ou d'une vraie cave à vin dans un racoin du sous-sol de leur demeure. Vous savez, un petit endroit sombre et frais à l'étage le plus bas de la maison pour bien protéger leurs fioles. Si vous êtes sur le point de vous confectionner une petite « cachette secrète » pour bien conserver vos divins nectars, voici quelques conseils pour vous, les amis.

Avant de garnir votre nouvelle « caverne d'Ali Baba » de dizaines de bouteilles que vous ne connaissez pas et que vous n'avez jamais goûtées, apprenez à connaître vos goûts. Donc oui, on peut se fier aux différents chroniqueurs qui saluent et proposent des produits pour vous, mais encore faut-il que ces derniers apprécient le même genre de vins que vous. Faites une liste des cépages et des régions viticoles qui vous plaisent, mais aussi du genre de vins que vous n'aimez pas. C'est triste, après cinq ou six ans, d'être « pris » avec une cinquantaine ou même une centaine de flacons qu'on n'ouvrira sûrement jamais... Garnissez votre réserve de crus que vous aimez et qui vous font plaisir !

Un nouveau propriétaire de cellier ou de cave à vin devient rapidement un acheteur assez « compulsif ». Il n'aime pas voir des casiers vides et il veut les remplir souvent trop rapidement, et souvent avec n'importe quoi. Même chose pour l'espace de stockage, alors visez plus haut ! Un cellier ou une cave à vin, c'est comme une télévision plasma... ce n'est jamais assez gros ! Alors si vous aviez prévu un endroit pouvant contenir 50 bouteilles, allez-y pour un 100 places. Même chose si vous aviez prévu un 250 espaces, je vous conseille de doubler les casiers. Sinon, votre réserve débordera trop rapidement et vous n'aurez plus d'espace pour allonger davantage de bouteilles.

Mettez la main sur des bouteilles ayant une signification pour vous, par exemple du millésime de l'année de naissance de votre enfant ou de votre mariage, une cuvée issue de zones viticoles que vous avez visitées lors d'un voyage en famille... Faites aussi une section pour vos vins de tous les jours à plus petit prix. Ça vous évitera de vous faire « siffler » un Sassicaia 1990 par un beau-frère qui voulait simplement vous déboucher une quille « à l'anonymat » lors d'une fin de soirée un peu trop arrosée...

Quand vous tombez sous le charme d'un produit, achetez-en au moins deux ou trois exemplaires. C'est génial de pouvoir suivre l'évolution d'un vin en cave. Variez vos choix pour pouvoir effectuer toutes sortes d'accords mets-vins de dernière minute. Des bulles, des blancs secs, des rouges légers, d'autres plus structurés, des vins moelleux, des liquoreux...

Je vous recommande aussi de prendre des notes dans un calepin ou d'acheter un logiciel de gestion de cave à vin. Ce dernier pourra vous informer du bon moment pour tirer les bouchons de vos crus et il assurera également un bon roulement de votre collection.

Pour ce qui est des conditions de conservation, je vous suggère un endroit sans luminosité, ayant une température constante oscillant entre 12 et 15 degrés Celsius et un taux d'humidité variant entre 50 et 75 %. Évitez les vibrations, les mauvaises odeurs, la lumière, la chaleur, les changements de température trop brusques... Bref, vos quilles veulent la sainte paix! Par contre, si vous ouvrez toujours vos bouteilles moins d'un mois après leur achat, oubliez toutes ces consignes et couchez-les simplement dans un endroit sombre, ce sera amplement suffisant!

Déstabilisez vos papilles !

Ça me fait toujours sourire quand je vois mon beau-frère boire le même vin semaine après semaine ! Il n'est pas le seul, car trop fréquemment, on entend: «En achetant celui-ci, je suis sûr de ne pas être déçu avec un autre que je ne connais pas». Ouin, j'avoue, mais au diable la découverte, hein...

Vous savez quoi ? Ma Beauceronne fait sûrement la meilleure lasagne au monde, mais ciboulot que je n'en mangerais pas tous les jours ! Ça serait triste et bien lassant de manger la même chose jour après jour, non ? Selon moi, c'est exactement la même chose pour nos choix de vin, il faut les diversifier !

Le vin, pour moi, c'est la découverte ! C'est essayer autre chose, sortir de sa zone de confort, ne pas avoir peur de sauter en parachute en essayant de nouveaux produits. Des vins de régions et de pays moins connus, de cépages différents, de producteurs méconnus... Il faut oser !

MES RECOMMANDATIONS-DÉCOUVERTES

Aujourd'hui, je vous propose de mettre la main sur des cuvées différentes et moins connues du grand public. Qu'on soit d'accord ou non avec la façon de fonctionner de notre monopole, il faut comprendre que très peu de marchés (voire aucun!) proposent un choix aussi vaste, soit de plus ou moins 10 000 sortes de vins issus de près de 70 pays à travers le monde! Alors, partons ensemble à l'aventure pour essayer de vous dénicher de nouvelles découvertes vineuses!

En blanc, je vous suggère de mettre la main sur l'épatant et constant Tokaji du Château Pajzos, fait exclusivement du cépage furmint, à 14,95 $ (860668). Il est floral, mellifère, de bon volume au goût et bien sec. Un vin blanc hongrois qui vous fera sortir des sentiers battus et qui saura faire de l'œil, par exemple, à une assiette de crudités ou à une salade du jardin vitaminée.

Le vin de pays D'Épanomi du Domaine Gerovassiliou, en Grèce, à 20,30 $ (10249061) est un autre blanc assez déroutant merci, mais tellement agréable en bouche! Vous serez à cent lieues des nombreux chardonnays boisés, commerciaux et sans âme qu'on trouve fréquemment sur notre marché. Sortez quelques rouleaux de printemps ou une ribambelle de sushis et vous toucherez littéralement le ciel de la Macédoine!

Pour ce qui est des rouges, on pourrait aller se balader dans la Vallée de la Bekaa, en sol libanais, avec le très bon Terrasses de Baalbeck du vignoble de Massaya, à 22,95 $ (904102). Donnez-lui une vingtaine de minutes d'aération en carafe et il vous le rendra bien. Un vin au profil quelque peu méditerranéen possédant une bonne complexité. De l'agneau avec ça S.V.P., chef!

Vous voulez vraiment essayer autre chose et déstabiliser vos papilles ainsi que celles de vos invités? Optez pour l'éclectique nebbiolo mexicain du domaine de L.A. Cetto dans la Vallée de Guadalupe, à 20,50 $ (10390233). Oubliez tous les shiraz australiens, les merlots chiliens ou les cabernets américains que vous avez goûtés jusqu'à présent, car il est complètement différent de la quasi-totalité des produits offerts sur notre marché! Servez-le en dégustation « à l'anonymat » aux copains du vin en leur souhaitant: « Bonne chance, les amis! ». Une pizza bien garnie rendra honneur à ce vin.

Je me croise les doigts pour que le beau-frère lise ce texte…!

L'attente n'en vaut pas toujours le coup

Lors d'une soirée quelque peu arrosée avec de vieux amis, quelqu'un m'a dit au moment de déboucher une bouteille: «Arrête, on ne peut pas ouvrir ça, ça vaut ben trop cher!» Euh?... OK, alors on va l'oublier en cave pendant des décennies pour qu'elle soit totalement à bout de souffle et imbuvable à son ouverture? Pas certain que ce soit la meilleure décision!

Beaucoup trop de gens attendent LA grande occasion pour tirer le bouchon d'une bonne fiole. Une augmentation de salaire, la naissance d'un enfant, la célébration d'un mariage (ou même parfois d'un heureux divorce!), l'obtention d'un diplôme universitaire... Et si déboucher une grande cuvée devenait tout simplement l'occasion en soi?

Mon budget ne me permet vraiment pas de déguster des crus divins et mythiques toutes les semaines, mais à l'occasion et avec des gens qui savent l'apprécier, je n'ai pas peur de tirer le liège d'une bouteille qui offrira de grandes émotions en dégustation.

On croit aussi à tort que ce sont toujours les plus vieux millésimes qui nous procureront davantage de plaisir. C'est totalement faux, ou presque. Ça dépend de vos goûts, car certains consommateurs aiment les vins jeunes et sur le fruit, alors que d'autres apprécient davantage les vins plus évolués en phase secondaire ou tertiaire ayant des notes de cuir, de feuilles mortes ou un petit côté «animal». N'oubliez pas non plus que bien peu de vins pourront faire une sieste de plus de 20 ou 30 ans en cave et être en «bonne forme» à leur ouverture.

Il y a aussi les gens qui attendent patiemment en espérant que leurs fioles anthologiques bordelaises, toscanes, bourguignonnes, piémontaises ou autres prennent un jour une valeur monétaire. Me faire demander: «Ça va valoir combien dans 10-15 ans, ce flacon?» m'exaspère un peu. À mes yeux, une bouteille de vin est beaucoup plus qu'un simple objet de spéculation. Cela dit, c'est formidable d'ouvrir une bouteille qui est à son apogée et de la boire au bon moment de son vieillissement. Mais par-dessus tout, ce qui est encore plus tripant, c'est de la consommer avec la ou les bonnes personnes. Car un grand cru de 700-800$ bu avec le gars qui va te parler de sa grosse cave à vin bien garnie toute la soirée, ça n'arrive pas à la cheville d'un modeste pinard, consommé avec un vieux chum qu'on n'a pas vu depuis des lunes! Comme disait si bien feu Jules Roiseux: «T'es ben mieux de boire un petit vin de pays avec un ami que de déguster un grand cru avec un trou du cul!»

Je vous conseille donc de ne pas attendre vos vieux jours pour ouvrir vos belles cuvées. Rendez honneur à ces divins nectars avant qu'il ne soit trop tard!

N'ayez pas peur de mettre votre nez partout !

À mon humble avis, la plus belle qualité d'un épicurien, d'un amateur de bonne chère, d'un gourmand ou même d'un sommelier professionnel, c'est sa curiosité ! Il faut fouiner, étudier, tout scruter à la loupe, lire, questionner… Bref, il faut se mettre le nez partout, les amis !

Les gens de l'industrie le savent : pour faire rêver les consommateurs en parlant de vin, il faut savoir des choses, et pour savoir des choses, il faut se mettre à l'étude, voyager, déguster et en connaître le plus possible sur tout ce qui entoure la dive bouteille. N'oubliez pas qu'en matière de vin, « plus on en sait, plus on sait qu'on ne sait rien » ! C'est le métier de la vie, comme disait le grand Jules Roiseux ! Il faut toujours rester assoiffé d'informations entourant le vin. Les sujets à apprendre et à mieux connaître sont vastes. Ça va de la géographie à l'histoire, en passant par les religions, l'art, la politique, la cuisine…

Alors, on fait quoi, mis à part déguster du vin et se promener à travers la planète vin pour mieux maîtriser nos connaissances en matière de vin ? Il faut lire, prendre des notes, lire encore, prendre des notes encore et recommencer tous les jours !

Les ouvrages pédagogiques du maître sommelier Jacques Orhon décrivent très bien les appellations, les cépages, les régions viticoles, les producteurs, et j'en passe. Les bouquins d'harmonisation mets-vins de l'inimitable François Chartier sont sans faille. Il y a aussi l'énorme et bien garni *Grand Larousse du vin* coûtant environ 60-70 $ qui est fortement recommandé. Le *Guide du vin* annuel de Phaneuf-Fournier est aussi hyper fiable et bourré d'informations pertinentes.

Vous pourriez aller surfer sur le site Web de Vin Québec, qui est un magazine d'information qui commente et note des vins de façon quotidienne. Il y a aussi l'espace Web de Julien Marchand, qui se nomme simplement *Chez Julien*. Ce dernier décrit des vins et compare le prix des bouteilles de la SAQ *versus* d'autres marchés. Ses descriptions de vin sont concises et sans aucune prétention. L'un de mes sites Web chouchous est sans aucun doute celui de Frédéric Arnould, *Tout sur le Vin*. Les vidéos du journaliste sont simples, accessibles et très bien expliquées. Un Belge à la bouille vachement sympathique qui n'a jamais le nez en l'air. Autrement, pour les amoureux d'accords mets-vins, je vous recommande chaudement le blogue de Dominique Sanschagrin nommé *Tastevino*. Il se décrit comme un créateur culinaire, un « tripeux » de vin, et ses créations culinaires en font baver plus d'un !

En résumé, on fait quoi pour en savoir davantage sur le jus de raisin fermenté ? On s'informe, on se balade dans les succursales de la SAQ, on se rend dans les séances de dégustation, on prend des notes, on voyage, on effectue une formation en sommellerie, on questionne les artisans de la vigne et on passe du temps à lire des livres et à consulter des sites Web sur le vin…

Soyez fouineux, soyez curieux !

Les (bons) vins du Québec : parce qu'on est tellement rendus là !

Les vins du Québec ont longtemps été la risée de nombreux consommateurs : « Il fait ben trop frette », « On ne fera jamais de bons produits ici », « Il manque de soleil pendant l'été », « Notre histoire viticole est beaucoup trop récente, aucune tradition n'est encore installée... », bla-bla-bla... Je vous rappelle qu'on rigolait également haut et fort des fromages, des cidres et des bières « *made in Québec* » il y a 15 ou 20 ans. Et pourtant...

Si les doutes et les préjugés sont encore fréquents dans votre entourage (ou même dans votre tête !) en ce qui a trait à la qualité des vins de notre belle province, voici quelques choix qui pourraient rapidement vous faire changer d'avis. Par contre, entendons-nous, je ne dirai jamais que tous les vins du Québec sont bons, car ici comme ailleurs, il y a du bon, mais il y a aussi du très mauvais.

On dit souvent que les blancs et les rosés tirent quand même assez bien leur épingle du jeu au Québec, mais qu'en matière de production de vins rouges, c'est là que c'est plus difficile. Pourtant, vous ferez un essai convaincant en tirant le bouchon d'un pinot noir du Domaine du Nival de Saint-Louis, situé près de la rivière Yamaska. Il s'agit d'un producteur artisanal cultivant la vigne en biodynamie qui travaille autrement et dont les résultats sont tout aussi épatants que déstabilisants.

Au cours des derniers mois, j'ai goûté le vin mousseux ainsi que le riesling sec du Vignoble Ste-Pétronille de l'Île d'Orléans. Pas besoin d'un palais bionique ou d'une boule de cristal pour s'apercevoir que ces deux produits sont d'une qualité remarquable et qu'ils peuvent faire un solide pied de nez à bien des quilles européennes de la même gamme de prix !

Ceux qui lèvent automatiquement le nez sur les bouteilles québécoises devraient essayer de dénicher une fiole de chardonnay signée par le vignoble Les Pervenches, situé à Farnham. Par contre, il faut fouiller ou avoir de bons contacts pour en acheter, car leurs différentes cuvées sont très prisées auprès des restaurateurs ainsi que des sommeliers québécois.

Les vins moelleux et liquoreux de la famille Joly du Vignoble du Marathonien à Havelock, en Montérégie, sont à couper le souffle. Ces vignerons élaborent des crus qui «fermeront le clapet» à bien des «snobinards» qui ne jurent que par les grands vins fins d'appellations cultes du Vieux Continent...

Le Domaine St-Jacques de Saint-Jacques-le-Mineur pourrait aisément vous prouver que le Québec ne met pas juste du bon sirop d'érable en bouteille! Leur pinot gris ainsi que leur riesling qui entrent sur notre marché au compte-goutte ne font aucunement honte à ces deux nobles cépages alsaciens.

On pourrait également saluer le travail de l'équipe du Domaine Les Brome dans les Cantons-de-l'Est. Celle-ci met en bouteille de très jolis blancs à base de vidal et de seyval. Et ça ne s'arrête pas là, car la liste pourrait s'allonger avec certains vins de L'Orpailleur, du Domaine du Ridge, du Vignoble Rivière du Chêne, du vignoble Coteau Rougemont, du vignoble Gagliano...

Les bouteilles des producteurs que je cite dans ce texte sont remplies à échelle humaine et ne sont offertes qu'en très petites quantités. Il faudra donc fouiller sur le site Web de la SAQ pour essayer d'en trouver, ou tout simplement joindre le domaine en question pour leur demander si le produit est en vente au caveau de dégustation.

Laissons tomber les jugements sans fondement, enlevons nos œillères, laissons-nous prendre au jeu et tirons le bouchon d'un flacon de chez nous, car oui, il y en a de fort bons. Et parce que oui, on est vraiment rendus là!

Conseils simples, mais ô combien efficaces pour une harmonie mets-vins !

Semaine après semaine, les questionnements sur les accords mets-vins que je peux recevoir sont assez impressionnants. Les Québécois sont curieux et ils veulent réussir d'agréables symbioses entre le contenu de leur assiette et le liquide alcoolisé de leur verre à dégustation ! Est-ce que l'harmonisation entre une recette et un vin est une science hyper complexe qui est uniquement réservée à l'élite et aux spécialistes de l'industrie ? Pour certains peut-être, mais certainement pas pour moi ! Voici donc quelques petits conseils très simples pour mieux réussir vos mariages mets-vins à la maison.

N'ayez pas peur de vous casser le nez en faisant des essais-erreurs sur des accords qui seront parfois chaotiques pour bien faire la différence entre un « heureux mariage » et un « divorce à table ». Ne cherchez pas l'union parfaite, car selon moi, elle n'existe pas (même si des huîtres fraîches et une bulle champenoise, ça « fitte » à merveille et c'est bon en ciboulot en bouche !). N'oubliez pas que le meilleur laboratoire expérimental qui puisse exister pour effectuer des unions gourmandes, c'est tout simplement la cuisine de votre domicile. Soyez audacieux : essayez, goûtez, analysez, prenez des notes...

Fiez-vous aux couleurs des aliments principaux de la recette, au type de cuisson, aux sauces, aux légumes présents dans l'assiette, aux épices que vous allez utiliser... Parce que c'est ben beau le classique « agneau-bordeaux », mais c'est assez *basic* merci !

N'hésitez pas à goûter votre plat pendant sa cuisson, question de pouvoir le parfaire pendant son élaboration. Un peu plus de poivre, de jus de citron ou d'herbes provençales pourrait changer le résultat de votre recette, alors qu'il vous sera bien sûr impossible d'ajouter des ingrédients dans votre bouteille de vin ! Goûtez donc votre vin d'abord et ensuite, mijotez votre création culinaire en faisant des liens avec les arômes et saveurs qui se trouvent dans votre vin.

Essayez d'effectuer des accords régionaux en jumelant des aliments et des produits alcoolisés issus de la même région. Un chardonnay jurassien ou un vin jaune de cette même zone viticole escortera parfaitement un bout de fromage Comté fait dans... le Jura !

Les accords de contraste, comme les symbioses sucré-salé, sont aussi vachement intéressants. Un lobe de foie gras poêlé et un bon verre de vin de glace ou de vendanges tardives «*made in Québec*» vous feront assurément hérisser les poils sur les bras de bonheur, car c'est un accord d'opposition impeccable!

Faites gaffe aux vins plus «commerciaux» qui ont souvent des taux de sucre résiduel élevés et qui sentent les copeaux de chêne à pleines narines! Ces derniers passent beaucoup moins bien à table et ils malmènent quelque peu vos papilles en dégustation.

Bien évidemment, ce texte n'est que la «pointe de l'asperge» de ce merveilleux monde des harmonies mets-vins. Nous aurions besoin de plusieurs autres pages pour mieux démystifier le sujet. Les plus curieux devraient mettre la main sur les différents bouquins de mon collègue sommelier et du chercheur scientifique François Chartier.

Je n'y connais rien du tout au vin, moi !

Même si le jus de raisin fermenté est de plus en plus présent sur nos tables et que les connaissances des Québécois en la matière n'ont jamais été aussi avancées, encore beaucoup trop de consommateurs de vin ne se font pas confiance. On entend encore trop fréquemment ce genre d'affirmations: «Je n'y connais rien», «Ça sent toujours la même chose», «Je bois la même cuvée semaine après semaine pour rester dans ma zone de confort et pour ne pas tomber sur une quille que ne me plaira pas!», etc.

Recevoir un message Facebook un samedi soir d'une personne qui me demande si telle ou telle bouteille est bonne, c'est pour le moins drôle, car le plus intrigant dans tout ça, c'est que souvent, la personne a bu cette bouteille la veille ou le soir même... Vous venez de la boire, c'est donc à vous de me dire si elle était bonne ou pas, non? Les gens ont comme besoin de se faire rassurer!

Je n'ai aucune formation en boucherie ni aucune connaissance dans les viandes, mais vous savez quoi? Si vous me servez un steak, je serai apte à vous dire s'il me plaît ou pas. Il faut faire confiance à son pif, se laisser guider par ses papilles... Les meilleurs juges, quand vous mangez ou que vous buvez quelque chose, ce sont votre nez et votre bouche! Votre organe nasal ne vous trahira jamais, c'est votre meilleur allié en dégustation et vous devez lui faire confiance, *vous* faire confiance.

Donc, on goûte un vin, on se ferme les yeux, on prend le temps de le savourer, de l'analyser, et on se pose la question: «Est-ce mon genre de produit? Est-ce que ça me plaît ou non?» C'est tout. On aura beau vous dire que c'est une fiole ravissante, qu'elle a un rapport qualité-prix-plaisir à couper le souffle, qu'il s'agit d'un assemblage d'un grand terroir et d'un millésime spectaculaire, bla-bla-bla... C'est à vous de juger si le produit vous convient!

Utilisez un petit calepin pour prendre des notes sur les crus que vous avez aimés, mais également sur ceux qui vous ont fait faire la grimace. Vous en apprendrez davantage sur vos goûts et vous pourrez guider votre conseiller en succursale pour qu'il trouve par la suite «chaussure à votre nez». Vous pourriez noter les bouteilles sur une échelle de 1 à 10 et inscrire trois ou quatre mots par vin au meilleur de vos connaissances. Ça vous aidera à vous remémorer ce qu'il sentait, ce qu'il goûtait et s'il vous plaisait.

Voici un entraînement facile pour vous donner encore plus confiance et vous mettre des mots «dans la bouche» pour mieux décrire le contenu d'un flacon: sentez, humez, reniflez, flairez et mettez votre nez partout, les amis! Ce sera incontestablement la meilleure façon d'emmagasiner des mémoires olfactives, et ensuite, vous pourrez associer ces arômes à celles des vins que vous dégustez.

Comment pouvez-vous dire qu'un produit alcoolisé sent le muguet, le cuir, le clou de girofle ou la craie à tableau si vous n'avez jamais pris le temps de sentir un bouquet de muguet, un manteau de cuir, une poignée de clous de girofle ou le contenu d'une boîte de craies à tableau?

La mémoire est peut-être une faculté qui oublie, mais la mémoire olfactive et gustative peut être assez épatante. La preuve est qu'on dit parfois que ça sent ou que ça goûte tel ou tel parfum ou saveur de notre enfance. La sauce à spag que grand-maman mijotait il y a 20 ou 30 ans ou l'odeur du chalet qu'on ouvrait à l'époque au printemps en famille, ça ne s'oublie jamais!

Quoi faire avec la fameuse bouteille reçue en cadeau d'hôte ?

C'est vrai qu'on ne sait jamais trop quoi apporter lors d'un souper chez des amis ! Un plat, des fleurs, un flacon d'huile d'olive, des chocolats... Une bouteille de vin ? Oui, une bonne fiole de jus de raisin fermenté, c'est parfait ! L'invité se demande toujours quoi acheter comme cru et l'hôte, lui, se demande souvent quoi faire avec la bouteille lorsqu'il la reçoit. Il n'y a peut-être aucune règle écrite sur « ce qu'on fait avec une bouteille que l'on reçoit en cadeau d'hôte », mais voici une idée que je mets moi-même en pratique et qui saura faire plaisir à vos invités.

À son arrivée chez moi, la visite me remet le présent, je lui dis un gros merci, je laisse ensuite le cadeau sur le comptoir et je ne le regarde plus de toute la soirée ! Quand les invités partent, je déballe la bouteille et j'inscris la date de notre souper sur l'étiquette, ainsi que les noms de ces amis. La bouteille sera ensuite allongée dans la noirceur de ma réserve pendant un bon laps de temps (s'il s'agit d'une quille qui peut vieillir, bien sûr !).

Quelques années plus tard, lors d'une visite de ces mêmes amis, j'irai fouiller «derrière les fagots» de ma réserve pour dénicher ce cru qu'ils nous avaient candidement offert à l'époque. En catimini, je me fais un taquin plaisir de glisser cette bouteille dans un bas de laine ou son liquide dans une carafe et, par la suite, de leur verser un verre en dégustation. Lorsqu'ils voient l'étiquette et se rendent compte qu'il s'agit du même précieux nectar qu'ils nous avaient offert il y a belle lurette, le moment est tout simplement fantastique! Ça crée de l'émotion et le vin en offre aussitôt tout autant.

C'est donc très simple: il vous suffit d'avoir un crayon, une petite caverne d'Ali Baba, de la patience, mais aussi – et surtout – la chance d'avoir de bons amis!

Je serais malhonnête de dire qu'il s'agit de mon idée. C'est plutôt celle de la grande dame et talentueuse chanteuse, comédienne et animatrice télé qu'était Suzanne Lapointe. En 2008, j'avais eu le plaisir d'animer une soirée dégustation à l'Hôtel Hilton de Québec en sa compagnie. Mme Lapointe était une experte de tout ce qui entourait le protocole de l'art de la table, de l'accueil et des règles de bienséance. C'est lors de cette belle soirée qu'elle m'avait donné ce conseil sur le «quoi faire» avec la fameuse bouteille offerte en guise de cadeau d'hôte. Je l'applique maintenant depuis une bonne douzaine d'années: ça déstabilise, ça épate et ça plaît énormément aux gens de notre entourage. J'adore ça et je vous en remercie chaudement, ricaneuse et aimable Suzanne!

Comment arrêter de se casser la tête pour offrir LA bouteille idéale !

On a tous dans notre entourage un beau-frère, une tante, un cousin ou tout simplement un bon chum qui tripe solidement sur le vin. Quand arrive son anniversaire, on aimerait bien lui offrir une belle bouteille en cadeau, mais on croit que cette personne a tout vu et tout bu… On se sent quelque peu menotté et il n'est donc pas trop évident de lui dénicher LA bouteille qui pourra la surprendre. Quoi choisir de différent pour lui faire plaisir ?

Dirigez votre choix vers des produits de spécialité et non vers des produits réguliers, que cette personne aura sûrement déjà goûtés dans le passé. Misez sur des vignobles plus petits et moins connus qui font du vin à échelle humaine ; des jardiniers, comme j'aime bien les appeler. Ces derniers élaborent habituellement des cuvées en productions limitées, et c'est justement en choisissant un vin produit par ce genre de producteurs que vous trouverez LA bouteille parfaite pour la personne fêtée. Une cuvée spéciale faite de façon anecdotique, en très petites quantités, et dont seulement quelques exemplaires ont été produits, c'est en plein ce qui lui fera plaisir.

Demandez à votre conseiller de la SAQ de vous guider vers un flacon issu d'un grand millésime. Vous pourriez également toucher sa « corde nostalgique » avec un vin de l'année de naissance de son enfant, de son mariage ou de toute autre année importante et significative de sa vie. Osez aller jusqu'à choisir un vin fait dans une région que la personne a visitée ou qui a une signification par rapport à ses origines familiales. Allez plus loin que de simplement mettre la main sur le Château Simard pour Monsieur ou Madame Simard, car oui, la personne l'aura probablement déjà dégusté trois ou quatre fois, cette fameuse « cuvée éponyme » de son nom de famille !

QUELQUES SUGGESTIONS

Vous ne voulez pas avoir à faire les quatre coins de la ville pour «déterrer» LA perle rare ni à surfer sur le site du monopole pour rechercher LE petit bijou qui fera le bonheur de cet amoureux du vin? Je vous propose ici cinq suggestions de «bons jus» à lui offrir en cadeau. Ils sont un peu plus coûteux qu'à l'habitude, certes, mais ils réussiront assurément à mettre un sourire sur son visage.

Mettez la main sur un tendu et étincelant Chablis Premier Cru du nord de la Bourgogne. Vous aurez à débourser entre 30 et 45$ pour vous procurer ce «délice en bouteille». Cet ami ou membre de la famille est un aficionado de bulles champenoises? Dirigez-vous alors les yeux fermés vers les fort élégants et tout simplement délicieux champagnes de Pol Roger, de Gosset, de Taittinger, de Paillard ou de Bollinger! Autrement, l'amateur de vins plus évolués sera aux p'tits oiseaux si vous lui donnez une quille de Rioja Gran Reserva ayant une dizaine d'années «sous le capot». Votre proche est plutôt un fou de bons vins italiens? Choisissez-en un qui le fera assurément plier du genou: offrez-lui une enivrante balade en sol toscan avec un divin nectar en appellation Brunello di Montalcino. Un peu plus au nord, faites un arrêt dans les collines piémontaises avec le complexe Barbaresco, un savoureux Barolo signé par un bon producteur.

Judicieuses « résolutions vins » pour la nouvelle année

Chaque début d'année, en janvier, nous voulons changer certaines mauvaises habitudes de vie. «Pour la nouvelle année, j'arrête de fumer, je vais boire moins d'alcool, je vais aller m'entraîner, je vais manger moins de sucre, je vais faire attention à ma ligne...» Qu'elles soient tenues sur toute la ligne, à moitié respectées ou rapidement oubliées, les résolutions de début d'année sont toujours amusantes à entendre.

Voici donc pour vous, et juste pour le plaisir, des suggestions de «résolutions vins» pour la nouvelle année! Ces conseils et/ou recommandations devraient agrémenter vos soirées dégustations, mettre vos bouteilles en valeur et peut-être même vous permettre de stopper les désagréables «maux de bloc» des lendemains de veille difficiles...

Ça fait des lunes que je vous parle de la règle du 30/30 (voir le texte de la page 176 qui vous l'explique).

Assurez-vous de la mettre en pratique, chers amoureux de la dive bouteille! En bref, mettez toujours vos vins rouges une trentaine de minutes au frigo avant de les déguster. S'ils sont trop chauds, le boisé et l'alcool seront dominants; vous croirez presque boire de l'encre et ce ne sera pas trop trop agréable. Pour ce qui est de la température de service des blancs, laissez-les au froid toute la journée, mais sortez-les 30 minutes avant de les consommer.

Essayez de ne pas acheter le même vin semaine après semaine, car après tout, c'est réconfortant et bien bon de la lasagne ou du pâté chinois, mais est-ce qu'on en mangerait tous les jours? Bien sûr que non! Surprenez vos papilles en diversifiant vos achats de bouteilles. Soyez curieux en essayant des produits issus de cépages qui sortent des sentiers battus, de régions viticoles différentes, mais aussi de producteurs peut-être un peu moins connus.

Pour la nouvelle année, je vous conseille aussi de mettre la main sur de «vrais verres» à dégustation. Voyez mes recommandations à la page 214!

Avant de vous souhaiter une superbe année (sous le signe de la SANTÉ!), je vous propose une dernière bonne habitude à ne pas oublier. Vous allez peut-être rigoler, mais c'est trop vrai: buvez beaucoup d'eau et ayez toujours un petit quelque chose dans le ventre lors de vos soirées de dégustation. Comme je vous le conseille dans mon texte à la page 220 – on ne le répète jamais assez! –, grignotez un brin en fin de soirée avant d'aller vous coucher, en n'oubliant surtout pas de boire un ou deux gros verres de H_2O! Sur ce, SANTÉ les amis!

De bonnes adresses vitivinicoles à Niagara !

Si le mot Niagara sonne à vos oreilles comme une destination de lune de miel pour aller dormir dans un motel douteux avec des bains tourbillon en forme de cœur, il est vraiment temps de vous *booker* un *road trip* dans cette région ontarienne! C'est peut-être impressionnant les chutes d'eau, mais ce coin de pays situé à six heures de route de Montréal a tellement plus que ça à offrir...

La péninsule du Niagara – car non, il ne faut pas dire «la vallée du Niagara» comme on l'entend fréquemment! – produit à elle seule plus de 80% de tous les vins canadiens. Plus d'une centaine de vignobles y sont installés, et cette zone viticole peut se péter les bretelles en affirmant avoir tout près de 7 000 hectares de vignes en production. Par contre, comme partout ailleurs sur la planète vin, on y trouve du bon et du moins bon, car les meilleurs côtoient souvent les pires... Depuis près de 20 ans, je m'y rends chaque année avec un groupe de voyageurs. Alors, sans vouloir moi-même me péter les bretelles, je commence à bien connaître ce berceau de la viticulture canadienne! Voici donc de bonnes adresses pour votre prochain voyage en sol ontarien.

DES ARRÊTS INCONTOURNABLES

Se rendre là-bas sans faire un arrêt chez Inniskillin, c'est comme aller à Paris sans passer saluer la majestueuse tour Eiffel. Il faut absolument y faire escale, ne serait-ce que pour goûter les succulents vins de glace de ce domaine, qui fait partie des pionniers de l'industrie du vin canadien.

Sur place, vous ne pouvez faire la tournée des vignobles sans arrêter chez Tawse. C'est sans équivoque mon producteur chouchou à Niagara! Il s'agit d'une propriété travaillant à petite échelle qui œuvre en biodynamie. Elle signe selon moi les meilleurs cabernets francs de toute la province. Dans le même style (petit producteur consciencieux qui ne fait pas du vin de masse), vous devriez prendre un rendez-vous chez Stratus. En rouge

Phil et Yannick à Niagara, 2017.

comme en blanc, ses vins sont tout simplement superbes, et plusieurs de ses cuvées pourraient faire un solide pied de nez à bien des flacons du continent européen.

En ce qui a trait aux installations les plus spectaculaires, on peut citer celles du vignoble de Megalomaniac. La terrasse offre une vue à couper le souffle sur les parcelles de vignes à perte de vue, mais également sur le splendide lac Ontario. Le chai à barriques est digne des plus grands châteaux de France et l'accueil est agréable, sans la moindre goutte de prétention. Ils mettent annuellement en bouteille, de façon anecdotique, un savagnin sec qui est tout simplement ravissant.

Vous devez aussi stationner votre véhicule au moins une ou deux heures chez 13th Street dans le but de rencontrer l'un des meilleurs œnologues du pays, Jean Pierre Colas. Ses bulles, ses chardonnays et même ses gamays sont dotés d'un «indice de buvabilité» épatant et quasi sans rival.

Si, tout comme l'auteur de ce bouquin, vous êtes un maniaque de hockey et de bon vin, passez faire un tour à la très moderne *winery* de Wayne Gretzky. En plus de faire la visite d'un genre de musée consacré à la Merveille sur glace, vous y goûterez des vins sans fausse note.

Vous êtes un mordu de pinot noir? Vous devriez faire un *stop* chez Queylus! Nous sommes tombés sous le charme de sa gamme de produits. Finesse, élégance, droiture, pureté, caractère... Bref, c'était délicieux et ce fut LA révélation de la dernière «édition» de notre pèlerinage annuel.

L'expérience de la vendange à votre portée

Qui n'a jamais rêvé de participer à une vendange à travers les parcelles d'un vignoble? Avouez que c'est féérique tout ça: sécateurs et seau à vendanger en mains, bottes à tuyau aux pieds et rigolade entre les rangs de vignes avec des mordus de vin! Si vous avez envie de vivre cette belle expérience, votre marchand de bonheur vous propose 2-3 pistes à suivre!

Prenez d'abord contact avec un vignoble en appelant sur place ou en leur écrivant directement. Démontrez-leur votre enthousiasme et le sérieux de vos démarches, puis croisez-vous les doigts pour qu'ils aient besoin de vous pendant cette période de l'année (septembre et octobre). «Salut! Je m'appelle Philippe, je suis un passionné de vin et j'aimerais aller vous aider à récolter le fruit de votre travail! Vous vendangez à quelles dates? Je suis travaillant et je ne fais pas ça pour l'argent!»

Habituellement, après une grosse journée de cueillette, les dirigeants du domaine vont mettre quelques tables à pique-nique dans leurs champs de vignes, tirer le bouchon de quelques bons flacons et casser la croûte en gang. C'est un moment magique où on est tous fiers du travail accompli et où on peut se gonfler fièrement le torse en se disant qu'il y aura un peu de nous dans la cuvée qui sera mise en bouteille dans les mois à venir.

Vous en apprendrez aussi davantage sur d'autres facettes de la divine bouteille. Plus vous serez curieux et travaillant, plus votre séjour de vendange chez eux sera mémorable. Vous allez côtoyer d'autres «tripeux de vin» comme vous et vous allez échanger directement avec les vigneronnes et les vignerons qui vous reçoivent. Une activité pédagogique, familiale, rassembleuse et fort reposante pour l'esprit. De plus, ça vous fera faire un peu d'activité physique en groupe!

Chaque mois de septembre, j'essaie de joindre quelques vignerons du Québec pour leur demander s'ils ont besoin du grand public pour effectuer la récolte annuelle. Comme le nombre d'hectares de vignes plantés en province ne dépasse pas tout à fait 500 hectares, vous aurez deviné que les producteurs n'ont pas besoin de milliers de personnes pour la cueillette de leurs grappes. Je vous suggère de leur offrir vos services en les joignant un ou deux mois à l'avance.

Selon les propos que je recueille chaque année, de nombreux domaines ont besoin de main-d'œuvre vers la fin septembre et lors des deux premières semaines d'octobre. Il ne faut surtout pas penser que c'est la ruée vers l'or et que vous sortirez de là les poches pleines! Disons que c'est pas mal plus pour l'expérience que vous vivrez en passant la journée au soleil à l'extérieur, en famille et entre amis, que pour la paie! Et vous partirez peut-être de là avec quelques bonnes fioles, qui sait?

Travailler dans les vignes qui constituent la base du vin que vous trouverez plus tard dans votre verre vous fera voir la bouteille d'une façon totalement différente. Il faut aussi savoir que le boulot de cueillir des raisins est réalisé durant une période extrêmement importante pour l'artisan du terroir. Le moment de la vendange est primordial pour un producteur. Il y a également le niveau de minutie et de rigueur du vendangeur qui entrent en jeu, si on vise la qualité du produit final. Il faut donc « travailler sérieusement, mais sans trop se prendre au sérieux », comme disait le grand manitou de la défunte Auberge Hatley, en Estrie, feu Robert Gagnon.

Faites donc autre chose que mijoter votre sauce à spag maison, corder votre bois de chauffage ou racler vos feuilles mortes au début de l'automne! Prenez un rendez-vous en saison estivale en prévision de la vendange et, si les vignerons sont déjà tous *bookés*, tentez votre coup en leur offrant vos bras pour la récolte des vins de glace en décembre ou en janvier.

Chu follement amoureux de toi, cher beaujolais !

Nous sommes nombreux à lever le nez et à dénigrer les démodés beaujolais nouveaux qui débarquent chez nous tous les troisièmes jeudis de novembre depuis 1975. Les chiffres parlent d'eux-mêmes et la dégringolade des ventes de vins nouveaux se poursuit de plus belle au Québec…

Juste pour vous donner un aperçu, au sommet de sa popularité en l'an 2000, pas moins de 48 500 caisses de 12 bouteilles étaient entrées en SAQ. Maintenant, c'est plus ou moins 3 500 cartons de 12 fioles qui entrent une fois par automne… Est-ce que le producteur de ce type de vin est en larmes ? Pas vraiment, non. Les Japonais à eux seuls en achètent grosso modo encore de 8 à 9 millions de bouteilles annuellement. Par contre, on va se le dire, pour les «beaujo nouvos», c'est un gros nuage gris qui plane au-dessus d'une des plus merveilleuses régions viticoles de la planète.

Question de «valser» dans le positif et de voir le verre de vin à moitié plein plutôt qu'à moitié vide, versez-vous donc ce soir ou ce weekend un «bon» verre de beaujolais ! Car oui, cette zone viticole située au sud de la Bourgogne nous livre des vins souvent ravissants ! Suffit de mettre la main sur une quille signée par un producteur qui élabore ses produits sur un terroir propice et qui œuvre avec amour, passion et conviction. J'adore le «pays du gamay», vive le beaujolais !

LES TOPS PRODUCTEURS

Voici pour vous une liste de producteurs de premier plan, des vignerons qui sont, selon moi, au top de cette région entre autres reconnue mondialement pour sa gastronomie. Je pense aux caressants crus de la famille Lapierre, aux intenses et parfumées cuvées de Jean Foillard, aux inimitables flacons du talentueux Jean-Paul Brun, aux fioles de la maison Louis Jadot, aux précis et ô combien gourmands gamay du Domaine du Vissoux de la famille Chermette, aux bouteilles au contenu tellement efficace et sans fausse note de Dominique Piron, ou bien aux constants et réconfortants Morgon ou Moulin-à-Vent du légendaire et feu Georges Dubœuf.

Les vins des producteurs cités ci-haut sont tous offerts sur les tablettes du monopole. Notez que, sur place, vous trouverez d'autres producteurs qui embouteillent des rouges du beaujolais qui vous éblouiront aussi l'organe nasal. Les mordus de blancs et de rosés resteront peut-être sur leur appétit toutefois, car plus ou moins 98 % des vins du beaujolais sont vinifiés en rouge. Très peu de bulles, de blancs et de rosés y sont élaborés.

Si vous tenez mordicus à mettre dans votre panier un beaujolais nouveau quand arrive le troisième jeudi du mois de novembre, voici trois ou quatre suggestions. Vous devriez miser sur ceux de Chermette, de Brun, de Dufaitre ou de Coquelet. Ces bouteilles de vin nouveau ne sont quand même pas données, leurs prix oscillant entre 15 et 20 $ l'unité.

Histoire de fonds de bouteilles

Une fois la bouteille ouverte, le vin est bon combien de temps? Avouez que cette question vous est aussi déjà passée par la tête! Il faut comprendre qu'une bouteille de vin ouverte s'oxydera à court, à moyen ou à long terme en contact avec l'air. On peut faire le lien avec une pomme que vous venez de croquer. La chair de cette dernière va foncer au contact de l'air. Ce phénomène se nomme l'oxydation, et c'est la même chose pour le vin.

Alors, je répète la fameuse question qui revient si souvent dans ma boîte courriel: «Une fois débouchée, une bouteille peut être bonne combien de temps?» La réponse dépend de différents facteurs.

Premièrement, ça dépend du cépage, car certaines variétés de raisins sont plus oxydatives que d'autres. Un exemple facile: une bouteille de sauvignon blanc, une fois ouverte, pourra se conserver pendant plusieurs jours avant de tourner au vinaigre. À l'opposé, la plupart des cuvées faites de grenache ou de cabernet-sauvignon seront pratiquement imbuvables deux ou trois jours après leur ouverture.

Un autre facteur très important est l'âge du vin. Une bouteille de plus de cinq, six ou sept ans sera davantage fragile et vulnérable. Donc, en gros, quelques heures après son ouverture, un cru plus âgé tournera plus rapidement au vinaigre qu'une jeune et pimpante cuvée d'un millésime récent.

Si on résume bien, un jeune vin pourra habituellement se conserver ouvert pour un plus long laps de temps qu'un vin plus évolué.

Le vieillissement sous bois est un autre point important. Un vin qui a séjourné quelques mois en barrique aura déjà quelque peu «respiré», car le vin subit une légère oxydation lorsqu'il vieillit en foudre ou en fût de chêne, puisqu'il a un peu de contact avec l'air.

Pour contrer la dégradation trop rapide d'une bouteille ouverte, vous pouvez retirer l'air dans la bouteille avec une pompe que vous trouverez en boutique spécialisée. Sinon, je vous recommande de lui remettre son bouchon et de la placer dans la porte du frigo. Cela aura pour but de ralentir l'oxydation du vin. Donc, que le vin soit blanc, rouge, rosé, liquoreux ou mousseux, une fois la bouteille ouverte, mettez-la au réfrigérateur.

Voici un bon truc si jamais vous pensez boire seulement la moitié de votre flacon de 750 ml (si votre femme est enceinte ou qu'elle allaite, notamment). Gardez-vous toujours une demi-bouteille bien propre de format de 375 ml à la maison. Ouvrez votre bouteille et remplissez votre petit format avant de lui remettre le bouchon. Votre demi-bouteille sera pleine jusqu'au goulot et sera bouchée d'un liège. Vous pourrez ainsi garder cette petite bouteille plusieurs jours, voire quelques semaines, sans gâcher le vin.

Quelqu'un m'a déjà demandé si plusieurs semaines après s'être fait tirer le bouchon, son vin pouvait être encore bon. Je lui ai tout simplement répondu que si cette fiole avait été bonne au moment de la déboucher, elle n'aurait pas été oubliée tout ce temps… Une bonne fiole se boit sans être laissée de côté pendant des semaines, non?

La piqûre pour le pinot

On vous a servi un délicat et glissant verre de pinot noir de la Bourgogne, de l'Oregon, du Niagara ou de Nouvelle-Zélande dans un cocktail dînatoire ou lors d'un souper entre amis, et votre genou a plié illico? Dites-vous que vous n'êtes pas le seul à avoir succombé au charme immédiat des nombreux rouges issus de cette noble variété de raisins!

Vous vous dirigez par la suite rapido à la SAQ pour essayer d'en dénicher quelques-uns qui vous offriront autant de plaisir que celui qui vous a follement fait tomber en amour avec ce divin cépage. Vous aviez en tête de ne toutefois pas débourser plus de 15, 20 ou 25$ la quille... Ishhh! Il faut comprendre qu'un pinot qui peut nous offrir plaisir et émotions sous la barre des 25$, ça ne court vraiment pas les tablettes! C'est plutôt rare, voire quasi introuvable. Donc si vous passez devant un étalage bien garni de bouteilles de pinot noir à 13,95$, un conseil: sauvez-vous, car ceux à petite facture sur notre marché manquent vraiment de chair autour de l'os...!

À l'inverse du sauvignon, du merlot, de la syrah, du chardonnay ou du cabernet, on trouve très peu de bons rapports qualité-prix-plaisir provenant de ce grand cépage d'origine bourguignonne. C'est une variété capricieuse qui peut s'avérer être tout un *challenge* à cultiver et à vinifier pour un vigneron. S'il n'est pas planté

sur un terroir propice à sa bonne culture, le résultat final ne sera jamais convaincant. Alors, quand on met la main plus profondément dans sa poche et qu'on en déniche un d'une belle récolte et d'un bon producteur, ça peut nous procurer de l'émotion comme bien peu de rouges pourront le faire.

DE BONS CHOIX ABORDABLES

J'en profite pour vous proposer quelques pinots noirs pas trop coûteux qui ne vous feront pas honte devant la visite. Allez-y, donnez vous aussi la piqûre du pinot noir à votre entourage!

L'un des meilleurs producteurs de ce grand cépage au Chili est sans équivoque le vignoble de Cono Sur. Il propose 3-4 flacons différents sur notre marché, et ils sont tout à fait recommandables.

Pour un «voyage en classe économique» en Bourgogne, je vous propose d'acheter ceux de Faiveley, de Bichot, de Jadot, de Bouvier, de Potel ou de Bachelder. Des cuvées sans grandes promesses qui sont tout en dentelle, digestes et hyper coulantes en bouche.

Il y a aussi quelques bons crus qui entrent au compte-gouttes du côté du Niagara avec les Tawse, Queylus ou Clos Jordanne. Même chose pour la Californie et l'Oregon avec les Bridgeview, Celilo Falls, Château St-Jean, Cloudline, Carmel Road ou Kenwood de ce monde.

Vous en trouverez aussi des *top notch* de la magnifique Nouvelle-Zélande. Je pense notamment à ceux de Saint Clair, de Felton Road, du Clos Henri ou même du vignoble de Seresin, qui magnifient à merveille ce splendide cépage.

Est-ce que ça existe vraiment, des vins pas assez chers ?

On va se le dire, de nombreux vins sont trop coûteux sur notre marché. Des produits dont la qualité n'égale pas toujours la facture, des flacons décevants qui coûtent trop cher. Comme votre sommelier joue toujours dans le positif et voit toujours le verre de vin à moitié plein et non à moitié vide, voici tout le contraire pour vous aujourd'hui ! Je vous conseille une sélection de bouteilles qui nous en offrent beaucoup pour leur prix tout à fait modeste. Des bons *deals* à vous procurer à coups de carton de 6 ou de 12 dans votre réserve !

Commençons par saluer une bulle du sud de la France à 22,95 $ qui pourrait « déculotter » certains champagnes coûtant le double du prix. Le Crémant de Limoux Clos des Demoiselles de la Maison Laurens (10498973), dans le Languedoc, est juste « pas assez cher » ! Nous ne nous en plaindrons certainement pas, et profiterons plutôt de cette formidable aubaine ! Une assiette de sushis ou de petits canapés de bienvenue lui iront à ravir.

Pour ce qui est des vins blancs qui valent amplement leur pesant d'or, voici une ou deux suggestions pour vous : l'étonnant, épatant et déstabilisant chenin blanc baptisé The Pavillion, élaboré par Boschendal, vous coûtera seulement 10,65 $ (12698944). En dégustation « à l'anonymat », très peu de gens vous diront que ce blanc sud-africain coûte seulement une dizaine de huards. En effet, sans penser qu'il s'agit d'un grand cru ou d'un chenin de haute voltige de la vallée de la Loire, ce vin est franchement bon et sans défauts. Autrement, pour quelques dollars supplémentaires, je vous propose une balade en Macédoine, dans le nord de la Grèce, avec un blanc du Domaine Gerovassiliou à 20,30 $ (10249061). Une fiole au contenu tendu, net, droit, nerveux et bourré d'énergie. Les amoureux de blancs sucrés, pâteux, hyper parfumés et abondamment boisés resteront par contre assurément sur leur appétit…

Mes trucs pour votre prochaine visite dans un salon des vins !

Les événements sur le vin et autres rassemblements de bons vivants abondent aux quatre coins de la province. En effet, les salons et festivals des vins sont de plus en plus nombreux au Québec depuis huit à dix ans. On n'a qu'à penser aux salons des vins de la Beauce, de Rimouski et de Saint-Léonard-d'Aston, au Littoral bercé par le vin de Rivière-du-Loup, au désormais célèbre Festival des vins de Saguenay, et j'en passe... Saviez-vous que ces activités de dégustation sont toutes ouvertes au grand public ? Oh que oui, les amis !

Quand vient le temps de se rendre dans un événement en lien avec la dive bouteille, monsieur et madame Tout-le-Monde se sentent souvent gênés, incommodés, intimidés ou inconfortables. « Vais-je me faire regarder de haut par un soi-disant spécialiste qui a le petit doigt en l'air ? », « Je n'y connais pas grand-chose et je vais avoir l'air niaiseux... », « Quelles questions dois-je poser aux agents et aux vignerons présents ? », « Après 2-3 derrière la cravate, je vais sûrement chercher mes mots... » Avouez qu'on se pose un paquet de questions qui nous pousseront peut-être même à rester à la maison ! Mais non, il ne faut pas ! Vous devez y aller et effectuer un paquet de découvertes tout en échangeant avec des gens très souvent aussi passionnés que passionnants !

Je vous propose donc quelques petits trucs et conseils simples pour rendre votre prochaine visite dans un salon ou un festival de vins, de bières, de cidres ou de spiritueux encore plus agréable et enrichissante.

Pour bien humer les différentes subtilités aromatiques que peut offrir un alcool dans votre verre, il est recommandé d'éviter de vous mettre du parfum. Soyez discret sur les parfums intenses ou les eaux de Cologne. Un peu comme au cinéma, je vous conseille également de mettre votre téléphone portable en mode vibration pour ne pas déranger tous les gens autour de vous.

Si vous êtes deux, vous pourrez diviser les portions de dégustation en deux. Donc au lieu de prendre un verre d'environ deux onces (60 ml) à chaque kiosque, donnez-en la moitié à la personne qui vous accompagne. De cette façon, vous serez apte à déguster deux fois plus de produits. Un autre truc simple pour ne pas finir la tête dans un seau à glace devant tout le monde : recrachez tout simplement les vins que vous goûtez... Du moins les premiers verres. Et buvez beaucoup d'eau pour la durée de l'événement !

Tout au long de la journée, vous aurez des coups de cœur, mais également des coups de gueule. À l'aide d'un petit calepin et d'un crayon, prenez des notes sur les produits que vous avez aimés et aussi sur ceux qui vous ont déçus. Vous pourriez également vous en tenir simplement à prendre des photos des bouteilles qui vous ont procuré plaisir et satisfaction avec votre téléphone cellulaire.

Sur place, vous aurez la chance d'échanger avec des vignerons de partout sur la planète vin. Ce sera le moment parfait pour préparer votre prochain voyage en créant des contacts. Demandez leurs cartes professionnelles, et de cette façon, vous aurez leurs coordonnées pour pouvoir *booker* une rencontre-dégustation dans leurs vignobles respectifs.

Un ou deux derniers conseils? Gardez votre nez dans votre verre et non dans les airs! Ce n'est pas le temps de faire la nomenclature détaillée des cuvées mythiques que vous avez dans votre cave à vin, car ça n'intéresse personne!

Ce n'est pas non plus l'endroit pour épater la galerie en parlant de vos nombreux voyages à travers le monde. Car oui, on en croise de temps à autre dans les salons, d'exaspérants «*been there, done that*» qui ont tout vu, tout lu et tout bu…

Amusez-vous, restez simples, faites des trouvailles gourmandes, soyez ouverts et à l'écoute, rigolez… et prévoyez un service de raccompagnement ou un taxi pour ne pas conduire votre véhicule avec les facultés affaiblies!

Les rouges qui surprennent et charment par leurs arômes, leur goût, leur caractère, mais aussi par leur prix sont assez nombreux sur nos tablettes. Citons le remarquable rapport qualité-prix-plaisir que présente le Terre à Terre de Jean-Noël Bousquet dans le Corbières, un assemblage affiché à seulement 9,85$ (11374391) en succursale qui pourrait «faire la barbe» à bien des pinards coûtant de 5 à 6$ de plus l'unité. Parmi les meilleurs achats de rouge autour de 20 douilles, il faut nommer la cuvée La Montesa de Palacios Remondo, en plein cœur de la Rioja, en Espagne, qui coûte 21,65$ (10556993), mais également le Bolgheri Rosso de I Greppi, en terroir toscan, à 20,75$ (11191826). Deux bouteilles aptes à faire un candide pied de nez à des crus valant entre 25 et 30$.

Vous en voulez un petit dernier un peu plus cher qui pourra tenir une grosse décennie dans votre réserve? La délicieuse petite syrah ou même le cabernet-sauvignon du vignoble Stags' Leap de la vallée de Napa, en Californie, qui sont offerts de façon sporadique sur notre marché. Du sapré «beau jus» américain qui nous en offre pas mal plus que les deux ou trois billets de 20$ qu'il coûte!

Comment bien développer son pif ?

« On peut humer dans ce verre de vin des parfums de papaye, de clou de girofle, de café moulu, de torsades de réglisse noire, de char neuf, de lavande, de chair de pamplemousse, de cardamome... » Hein, quoi ? Pardon ? Vous faites comment pour sentir tout ça dans le seul et même verre ? Vous vous demandez comment réussir à développer votre olfactif et ainsi mieux détecter les mille et un parfums que les vins peuvent vous offrir ? Voici pour vous quelques petits trucs pour « entraîner » votre organe nasal !

La règle de base est de prendre le temps de sentir le plus d'ingrédients, d'aliments, d'épices, de fleurs, et à peu près tout ce qui dégage des arômes. De cette façon, vous « enregistrez » des mémoires olfactives. Ces mêmes arômes pourront par la suite se retrouver dans votre verre quand vous humerez votre vin. Mettez le nez dans tout ce qui peut libérer des odeurs. Sentez à pleines narines un sachet de thé humecté, du gazon fraîchement coupé, des feuilles de laurier, du poivre long, le cuir de votre nouveau divan, de la terre humide, une livre de steak haché cru... Il m'est déjà arrivé d'arrêter en bordure de la route pour humer un gros bouquet de muguet ou de lilas. Disons que ma blonde n'a pas trouvé ça trop viril, mais c'est exactement ce qu'il faut faire, précieux lecteurs, il faut mettre son nez... PARTOUT !

Dites-vous que la dégustation, c'est comme l'entraînement au gym. Il faut entraîner ce « muscle » qu'est votre nez. Plus vous vous pratiquerez, plus vous ferez de dégustations, et meilleur sera votre pif. Pendant le marathon de dégustation en vue de la rédaction de mon guide annuel au printemps et à l'été (période où plus ou moins 1 500 produits passent dans mon verre !), mon gros museau est « aiguisé » à son maximum. J'adore faire des dégustations « à l'anonymat » avec les copains du vin à cette période de l'année où je déguste entre 100 et 150 alcools différents par semaine. En effet, mon pif est moins sollicité à l'automne, alors que nous analysons seulement de 30 à 40 cuvées hebdomadairement.

Il faut aussi savoir que pour profiter pleinement des différents parfums, notes, émanations et effluves que nous offre un vin, il faut le servir à la bonne température (consultez la règle du 30/30 à la page 176). De bons verres sont aussi fortement recommandés pour profiter des vertus olfactives d'un produit alcoolisé. Gardez vos démodés « verres à moutarde » pour boire de l'eau ou du jus de raisin non fermenté ! Mettez la main sur de « vrais verres » à dégustation. Votre choix pourrait s'arrêter sur les classiques verres INAO, les efficaces Expert Tasting de Spiegelau ou les excellents Riedel de la série Ouverture. Fouillez dans les boutiques spécialisées, les amis, et vous trouverez assurément « chaussure à votre nez » !

Tu es sûr d'aimer les « vieux vins » ?

Beaucoup de gens croient à tort qu'une bouteille de vin plus âgée sera nécessairement meilleure qu'une autre d'un millésime plus récent. Un cru ayant plusieurs années en arrière de la cravate qui provient d'un grand terroir, d'un bon producteur et d'un généreux millésime et qui a été conservé dans un endroit propice au bon vieillissement du vin pourra assurément vous offrir du gros plaisir et une bonne dose d'émotions en dégustation. Encore faut-il réunir presque tous ces éléments favorables pour ne pas être trop déçu après toutes ces années d'attente...

Il faut savoir que bien peu de cuvées seront aptes à effectuer une sieste à l'horizontale dans votre réserve pendant 10, 15 ou 20 ans, et être encore en bonne forme à leur ouverture.

Assurez-vous que les conditions de conservation sont respectées avant d'oublier quelques quilles pour une aussi longue période de temps : noirceur, fraîcheur, humidité suffisante, pas de vibrations, pas de mauvaises odeurs… Bref, vos bouteilles veulent tranquillement somnoler et, surtout, avoir la sainte paix !

Le plus important, avant de mettre vos fioles de vin aux oubliettes pendant une ou deux décennies, ou même un quart de siècle, c'est d'avoir déjà goûté de vieux flacons ! Car sachez qu'un « vieux vin » ne plaira assurément pas à tout le monde. Quand je travaillais encore comme sommelier en restauration, je me faisais un devoir de mettre en garde les clients qui me commandaient un vieux millésime. Je tenais à leur faire profiter d'un produit qu'eux et leurs invités aimeraient, et aussi à ne pas me faire retourner un bordeaux ou un bourgogne de 700 ou 800 $ offrant un bouquet aux effluves de cuir, de feuilles mortes, de tabac à pipe, de fruits secs, de cassonade, de vinaigre balsamique… Croyez-moi, ça ne charme pas tous les palais, ce genre de vin rouge aux notes secondaires et tertiaires !

Un Brane-Cantenac de la monumentale cueillette 1961 en appellation Margaux n'aura assurément plus le fruité, la fougue, la gourmandise et la matière tannique aussi dense que le même produit du même château de la cueillette 2010 ou 2011.

La meilleure façon de savoir si un vin évolué, c'est-à-dire ayant un certain âge, est votre « tasse de thé », c'est tout simplement d'en goûter un ou deux.

Mes conseils de service pour ce type de vin sont les suivants : ne le servez pas trop frais ; visez autour de 17 degrés Celsius. Minimisez le contact avec l'air et ne faites pas l'erreur de verser un pinot noir bourguignon, un châteauneuf-du-pape ou un bordeaux rouge de plusieurs années dans une carafe. Utilisez un tire-bouchon avec une vrille un peu plus large ou un tire-bouchon à lames, car le liège d'une cuvée plus ancienne est souvent endommagé et pourrait s'effriter à l'ouverture. Buvez la bouteille dans la même journée, car le lendemain, elle aura tourné au vinaigre. La plupart des vins âgés oxydent très rapidement une fois que la bouteille est ouverte.

Idées cadeaux pour l'amoureux du vin

Que ce soit pour Noël ou tout simplement pour souligner l'anniversaire d'une personne qui vous est chère, je vous propose dans les prochaines lignes des idées de cadeaux à offrir à un amateur ou à un amoureux du vin! Des présents qui lui seront pratiques et qui lui feront assurément plaisir.

Comme toute bonne dégustation débute avec un verre propice à la dégustation, vous devriez mettre la main sur une douzaine de verres Riedel de la série Ouverture. Ils sont des outils indispensables pour les mordus de bon vin! Prévoyez entre 8 et 10 $ l'unité pour ce type de verre. L'achat d'une carafe pourra également très bien combler l'amoureux du vin. Vous trouverez ces accessoires dans des boutiques spécialisées, comme chez Vinum ou Doyon Després. Vous y trouverez également des aérateurs, des pochettes refroidissantes à bouteilles de vin, des tire-bouchons, des carafes, des celliers, et bien plus.

Offrir un cours de sommellerie ou toute autre formation grand public sur les vins pourrait également s'avérer un ciboulot de beau cadeau! Informez-vous auprès de la SAQ ou à une école hôtelière de votre région pour avoir de l'information sur les cours qui sont offerts près de chez vous. Des ateliers de formation,

des conférences et autres cours privés sont proposés aux quatre coins du Québec. Fouinez sur le Web ou écrivez-moi à vinophil@ccapcable.com, et je vous en proposerai quelques-uns.

Vous pourriez aussi acheter un guide d'achat de vin annuel ou d'autres livres de vin parmi ceux offerts en librairie. *Le guide du vin Phaneuf* rédigé depuis quelques années par l'auteure Nadia Fournier est une excellente référence. Ce pourrait être aussi l'enrichissant *Grand Larousse du Vin*, les pédagogiques ouvrages de Jacques Orhon, les inspirants livres de François Chartier ou même notre annuel bouquin!

Une bonne bouteille serait également un excellent présent à offrir à l'épicurien. Vous pourriez opter pour un élégant et caressant pinot noir bourguignon, un détaillé et exquis barolo piémontais, un sphérique et racé riesling germanique, un pénétrant et divin vin de glace québécois ou encore un cabernet californien de bonne mouture alliant structure et profondeur. Un envoûtant scotch, un vieux rhum bien parfumé ou un enivrant et invitant armagnac pourra aussi faire grandement plaisir à l'aficionado d'eau de vie de qualité. Par contre, avant de débourser 40 ou 50$ pour une fiole d'alcool, assurez-vous de connaître quelque peu les goûts personnels de l'ami à qui vous l'offrirez.

Fiesta, fatigue, mal de bloc, H_2O et humilité aux Fêtes

Le boulot, la routine, les enfants et le train-train quotidien font que nous avons tous une vie qui roule à cent milles à l'heure. Votre horaire est assez *rock'n roll*, surtout en période automnale? Maintenez la cadence encore quelques semaines, car la période des festivités de décembre arrivera rapidement, les amis! Des soupers en famille, des sorties à l'extérieur entre amis, un voyage dans l'Sud en amoureux, des sports de glisse avec les bambins... Oui, les vacances des Fêtes font un grand bien, et on en a tous grandement besoin pour bien se reposer et faire le plein de belles énergies.

Vous allez vous retrouver autour d'une table bien garnie de copieux plats et de bonnes quilles de vin, à rigoler, à échanger, à partager, et rapidement, vous oublierez ce rhume ou cette vilaine grippe de novembre dernier. Par contre, faites gaffe, car toute cette fatigue accumulée et ces quelques verres d'alcool un peu trop «enlignés» pourront vous jouer de mauvais tours...

Une fois bien entourés des gens qui nous sont chers, ce n'est vraiment pas le temps de perdre la tête en abusant de vin, de bière, de cidre et/ou d'alcool fort. Ce n'est certainement pas moi qui irai gérer le débit de la boisson alcoolisée qui se videra dans votre verre tout au long de la soirée, mais voici tout de même deux ou trois petits conseils pour ne pas terminer la tête dans le bol de punch devant les enfants et les beaux-parents entre Noël et le jour de l'An.

Buvez le maximum d'eau pour bien vous hydrater, car le manque de consommation de H_2O lors d'une soirée festive, c'est souvent la cause des maux de tête et des pénibles lendemains de veille. Déjà qu'on parle fort, qu'on chante à tue-tête et qu'on a des fous rires à n'en plus finir, et que ceux-ci peuvent nous donner de légers maux de bloc! Alors, ne lésinez pas sur les gros verres d'eau! Il vaut mieux se lever une fois ou deux dans la nuit pour soulager sa vessie que d'avoir «mal aux cheveux» au réveil.

Ayez aussi toujours un petit quelque chose dans le ventre. Grignotez ici et là de façon régulière. Si vous avez bu quelques verres d'alcool, ne faites pas l'erreur de vous coucher à minuit en n'ayant rien mangé depuis plusieurs heures. Le matin venu, ça ne sera pas la fête, et votre journée ne sera pas tellement productive... Un petit bout de pain, deux ou trois bouchées de fromage ou un muffin avant d'aller au dodo pourra faire toute la différence au lever du jour!

Un dernier point. Cette période de l'année est rassembleuse, attendue et fort conviviale.

Ce ne sera pas le moment pour y aller de grandes théories sur les harmonies mets-vins, sur les grands terroirs de la planète vin et sur les différents types de sols de vos appellations favorites. Pourquoi je vous dis ça ? Car on a toujours un cousin, une tante ou un beau-frère un peu trop «intense» qui vient de finir une formation en vin et qui veut «déballer» ses connaissances aux convives présents pendant le party. Euh… Non merci ! Ce n'est pas vraiment l'temps des grands discours d'ampélographies, d'œnologie, de sommellerie et des cours de dégustation 101 ! On veut juste s'amuser, passer du bon temps et se donner de l'amour à profusion. Alors, gardons ça simple, S.V.P. !

Bien préparer un voyage de vin

Vous aimeriez visiter un vignoble? Vous ne savez pas trop quand vous y rendre ni comment vous y prendre? Voici quelques conseils pour maximiser vos chances d'effectuer une visite-dégustation chez un producteur de vin que vos papilles ne seront pas près d'oublier.

Essayez d'éviter les deux à trois premières semaines du mois de septembre, car c'est le moment des vendanges. C'est souvent la période la plus stressante pour un vigneron. Prévoir un voyage de vin dans la période du mois de mars au mois d'août, c'est l'idéal (je parle ici des domaines situés dans l'hémisphère Nord).

Une fois l'été terminé et la cueillette des grappes achevée, c'est, selon moi, le moment parfait pour un voyage viticole. En octobre et en novembre, les couleurs sont superbes, il ne fait pas encore trop froid et les producteurs sont plus relaxes. Ils auront le temps de vous recevoir, de vous faire visiter les lieux et de vous faire goûter leurs produits. C'est donc un bon moment d'aller les visiter sur leur «terrain de jeu». De plus, la haute saison est terminée et les billets d'avion vous coûteront pas mal moins cher. Même chose pour le prix des hôtels: c'est moins coûteux une fois la «grosse» saison estivale terminée.

Il sera important de prendre des rendez-vous dans les différents vignobles pour ne pas être reçus comme des touristes. Je vous recommande fortement de leur envoyer un courriel ou de les appeler plusieurs semaines avant votre passage chez eux. De cette façon, vous augmenterez les chances de rencontrer les propriétaires du domaine et de déguster toute la gamme de leurs différentes cuvées, et même peut-être de vous rendre dans les caves où vieillit le vin en barrique. Arrivez à l'heure pour vos rencontres, car tout comme vous, ces gens-là n'ont pas de temps à perdre! Utilisez un GPS dans la voiture, car les domaines et châteaux sont souvent à la campagne dans des endroits quelque peu éloignés.

Informez-vous au maximum sur le domaine que vous allez visiter. Qui sont les propriétaires, le type de vins qu'ils élaborent, les cépages plantés, s'ils œuvrent en culture bio, le nombre d'hectares de vignes qu'ils possèdent... Plus ils comprendront le sérieux de vos démarches, plus vous aurez la chance de faire une visite qui sera mémorable.

S'ils vous font goûter plusieurs verres de vin en rafale, il faudra considérer de recracher les produits. Optez pour des petites quantités en format dégustation, car vous devrez sûrement reprendre la route par la suite.

Prenez le maximum de photos pour vous remémorer votre passage et les gens que vous aurez rencontrés.

Achetez des bouteilles qui ne sont pas en vente sur notre marché.

Faites-les signer par le vinificateur ou les dirigeants de l'exploitation. Attendez quelques semaines ou mois après votre retour à la maison avant de leur tirer le bouchon. Un flacon qui vient d'endurer huit ou dix heures d'auto ou un vol d'avion à 35 000 pieds d'altitude aura grandement besoin de se «reposer» et de se stabiliser quelques semaines dans la noirceur et la fraîcheur de votre «cachette secrète» avant d'être consommé.

Déclarez tous vos achats aux douanes pour ne pas que votre beau voyage finisse en queue de poisson.

Voici quelques exemples de voyages trippants que vous pourriez effectuer: la Catalogne sur la côte est de l'Espagne, la splendide vallée de Napa en Californie, la route des vins d'Alsace, une tournée dans les romantiques collines de la Toscane... Si vous partez avec deux ou trois amis, que vous louez une seule voiture, que vous ne fréquentez pas les restos étoilés, que vous logez dans des chambres pas trop luxueuses et que vous achetez des vols en classe économique, il y a moyen de passer une semaine inoubliable sans faire exploser votre budget.

Une visite dont on se souviendra longtemps! France, 2019.

Apportez votre vin... dans l'Sud !

Si vous avez traîné vos bagages et vos sandales dans un tout-inclus à Cuba, en République dominicaine, au Mexique ou en Jamaïque pour aller vous reposer au cours des dernières années, vous avez probablement goûté les vins qui sont servis dans les restaurants sur place. Je suis loin d'être un snob du vin et de lever le nez sur les produits d'entrée de gamme, mais il faut avoir soif en ciboulot pour boire ça ! Certains établissements en servent peut-être des bons, mais selon mes différentes expériences, en général, ces cuvées possédaient pas mal plus de vices que de vertus, pour ne pas être méchant...

Alors, on fait quoi, question de ne pas boire du vin fait avec des « raisins en plastique », quand on va dans le Sud ? Peut-on apporter quelques bonnes fioles de notre réserve dans nos bagages, ou peut-on acheter des bouteilles à la boutique hors-taxes directement à l'aéroport ? J'ai appelé aux douanes de l'aéroport de Québec pour vous.

L'agente des services frontaliers à qui j'ai parlé m'a dit : « Pas de problème pour apporter quelques bouteilles, et aucuns frais d'exportation vous seront réclamés. » On parle ici de cinq ou six bouteilles par couple. Alors, disons qu'il ne faudrait juste pas « pousser le bouchon »

trop profondément dans la bouteille en apportant plusieurs caisses lors de vos prochaines vacances ! Bien sûr, les bouteilles devront être dans vos bagages, car les contenants de liquide de plus de 100 ml sont interdits dans vos bagages à main lors de votre passage à la douane.

On apporte quoi quand on va se faire bronzer la couenne dans le Sud ?

Des bulles, bien sûr, pour bien démarrer la semaine de vacances ou pour surprendre votre amoureuse avant un bain de minuit à la plage !

On apportera aussi des blancs digestes et tout en fraîcheur pour ces chaudes journées ensoleillées ou pour bien débuter une soirée. On peut penser à un sauvignon du Centre-Loire net, propre et bien tendu. Un riesling ontarien bien sec pourrait également s'avérer un excellent compagnon en guise d'apéro dans la chambre, avant d'aller souper au restaurant.

Des rouges passe-partout pour les différents types de restaurants sur place devraient aussi faire partie de vos sélections. Les restaurants à la carte des *resorts* sont nombreux. Cuisine asiatique, *steak house*, fruits de mer et poissons, latino... Ça prend donc des vins rouges caméléons. Évitez les capiteux, hyper boisés et trop balaises colosses à 15 % d'alcool, car ils s'avèreront lourdauds et encombrants en dégustation avec le chaud climat de votre destination soleil.

En terminant, pourquoi ne pas apporter des verres à dégustation incassables faits en polymère ? Demandez les verres Govino dans une boutique spécialisée : ils sont formidables sur la plage, au bord de la piscine, ou encore à bord d'un bateau...

Je vous laisse, car c'est le temps d'aller faire vos valises, les amis. Bonnes vacances à vous !

Offrez-vous de la fraîcheur et de la digestibilité

Le printemps est peut-être tardif depuis quatre ou cinq ans, mais il finit toujours par se pointer le bout du nez. Le mercure grimpe, les terrasses se font déneiger, on peut démarrer la piscine, le temps des grillades au barbecue s'amorce… J'adore cette période de l'année où les deux mètres de neige accumulés pendant l'hiver fondent finalement au soleil!

La saison printanière rime avec 5 à 7 à l'extérieur en famille et entre amis, agrémentés de quelques bons verres de vin savamment sélectionnés.

Les glaciales soirées hivernales sont derrière nous, et les belles journées chaudes et ensoleillées nous enveloppent peu à peu. Il est donc important de passer en mode fraîcheur en servant des vins plus aériens, davantage axés sur le fruit, la souplesse, la dentelle et la digestibilité. Optez pour des crus peu ou pas du tout boisés, des produits sans sucre résiduel, des vins ayant des pourcentages d'alcool oscillant entre 12 et 13%. Fini les «monsieurs muscles» denses, puissants, costauds et virils qu'on servait en janvier et en février pour accompagner les copieux plats en sauce cuits lentement à la mijoteuse!

Offrez donc une petite pause à vos papilles en leur servant des vins qui sont davantage, comment dire… «printemps-été»!

DES PISTES DE VINS POUR LA SAISON CHAUDE

Pour ce qui est des blancs, je vous propose de mettre la main sur un parfumé et envoûtant sauvignon blanc néo-zélandais, un net et tendu riesling alsacien, germanique ou ontarien, un vigoureux et bien sec vidal québécois, un

sensuel et aguicheur grüner veltliner autrichien, un énergique et *al dente* verdejo espagnol ou même un digeste et épuré pinot grigio italien.

Même si on peut en boire à longueur d'année, les rosés provençaux et rhodaniens auront également très bien leur place pour les premières journées à plus de 15-20 degrés Celsius.

En ce qui a trait à vos choix de vins rouges à servir en présaison estivale (et pendant l'été, bien sûr!), je vous suggère d'y aller avec un coulant et tannique pinot noir de climat frais, un glissant mais ô combien rassasiant cabernet franc de la Loire ou de la péninsule du Niagara, un gouleyant et hyper fruité gamay du Beaujolais, ou un juteux et précis vin ibérique fait de cépage mencia.

Pour vos viandes grillées sur le barbecue, vous pourriez par contre miser sur des vins plus structurés et plus relevés, comme une généreuse syrah de la vallée du Rhône ou de l'Australie, un coloré et intense malbec argentin, un savoureux et épicé assemblage languedocien, ou un étoffé et tout d'un bloc cabernet-sauvignon du *Golden State* américain. Les pièces de viande saignantes de bœuf, d'agneau et de gros gibiers à poils n'auront qu'à bien se tenir!

Pour le meilleur et pour le prix : votre mariage, mes conseils vin !

Chaque printemps, vous êtes nombreux à me demander des suggestions de vins pour un mariage. C'est la journée la plus importante de votre vie ; votre famille, vos amis et tous les gens qui sont importants pour vous y seront. Vous ne voulez vraiment pas leur servir une vulgaire piquette ou un pinard douteux et squelettique, et c'est tout à fait normal !

Les futurs mariés qui uniront leurs destinées au cours des prochains mois sont en mode préparation pour cette réception qui rassemblera de nombreux convives. On cherche un traiteur, un bon animateur, un lieu digne de recevoir de nombreux invités, un DJ qui saura nous faire danser en fin de soirée et... des vins peu coûteux qui ne feront pas faire la grimace à nos invités !

Avant de vous proposer une sélection de bouteilles à bon prix, voici deux ou trois conseils importants. Avant d'acheter une douzaine de caisses d'un produit que je vous suggère, achetez une bouteille et goûtez-la avec votre douce moitié. Demandez au traiteur quel sera votre menu afin d'effectuer de bons accords mets-vins avec votre conseiller en vin. Essayez d'acheter des bouteilles qui sont bouchées par une capsule à vis. De cette façon, vous pourrez ouvrir plus rapidement 40 ou 50 flacons en rafale, et ce, sans avoir des vins bouchonnés. Essayez de trouver des magnums (1,5 litre) ou même des doubles magnums (3 litres) ; avec des tables de 6, 8 ou 10 convives, c'est génial de servir de gros formats.

En ce qui a trait aux mousseux, il n'est pas évident d'en dénicher plusieurs qui seront amplement satisfaisants à petits prix. Le Hungaria Grande Cuvée Brut à 12,90 $, de la Hongrie (106492) reste encore et toujours votre meilleur achat de bulles sous la barre des 13-14 $. À ce prix, ça ne vous fera pas de peine d'y ajouter quelques gouttes de sirop de cassis pour en faire un kir royal, ou même de le mélanger à du jus d'orange le lendemain matin, au brunch, pour servir des mimosas.

Pour ce qui est des choix de rosés recommandables et plaisants à prix d'ami, je vous conseille d'abord le caressant pinot grigio Simboli de La Vis Sca, en Vénétie, qui se détaille à 12,85 $ (12667911) et qui est vraiment sans faille. Vous pourriez aussi très bien miser sur la réussie cuvée Champs de Florence du Domaine du Ridge, dans les Cantons-de-l'Est, à 15,05 $ (741702) ou sur le très bon Buti Nages de la famille Gassier, à 15,00 $ (427625), produit dans le Rhône méridional.

Pour le blanc, vous pouvez y aller avec l'exotique Albis de José Maria da Fonseca, un vin du Portugal à 11,85$ (319905), le quasi sans rival Chaminé de Cortes de Cima, à 13,05$ (11156238), également du Portugal, le «juste trop bon» Genoli de Vina Ijalba d'Espagne, à 14,95 $ (883033), ou l'élégant pinot gris Piedra Negra de Lurton, à 15,30 $ (556746), produit en sol argentin.

En ce qui concerne les suggestions de vins rouges, j'aurais besoin de trois ou quatre pages de plus pour vous offrir mes meilleurs choix sous la barre des 15-16 huards, car il y en a des dizaines! En voici donc quelques-uns en rafale pour vous, les amis!

Pour 10-11$, allez vers les Garnotte, Vila Regia, Coto de Hayas, Terre à Terre ou Santa Julia de ce monde. Pour 2-3 douilles supplémentaires, optez pour l'étonnant Clos Bagatelle de la famille Simon, dans le Languedoc, à 12,95$ (12824998), le débordant de fruits Laderas de El Seque de Artadi, en Espagne, à 14,95$ (10359201), ou le Terres de Méditerranée de Dupéré Barrera, dans le sud de la France, à 15,25$ (10507104).

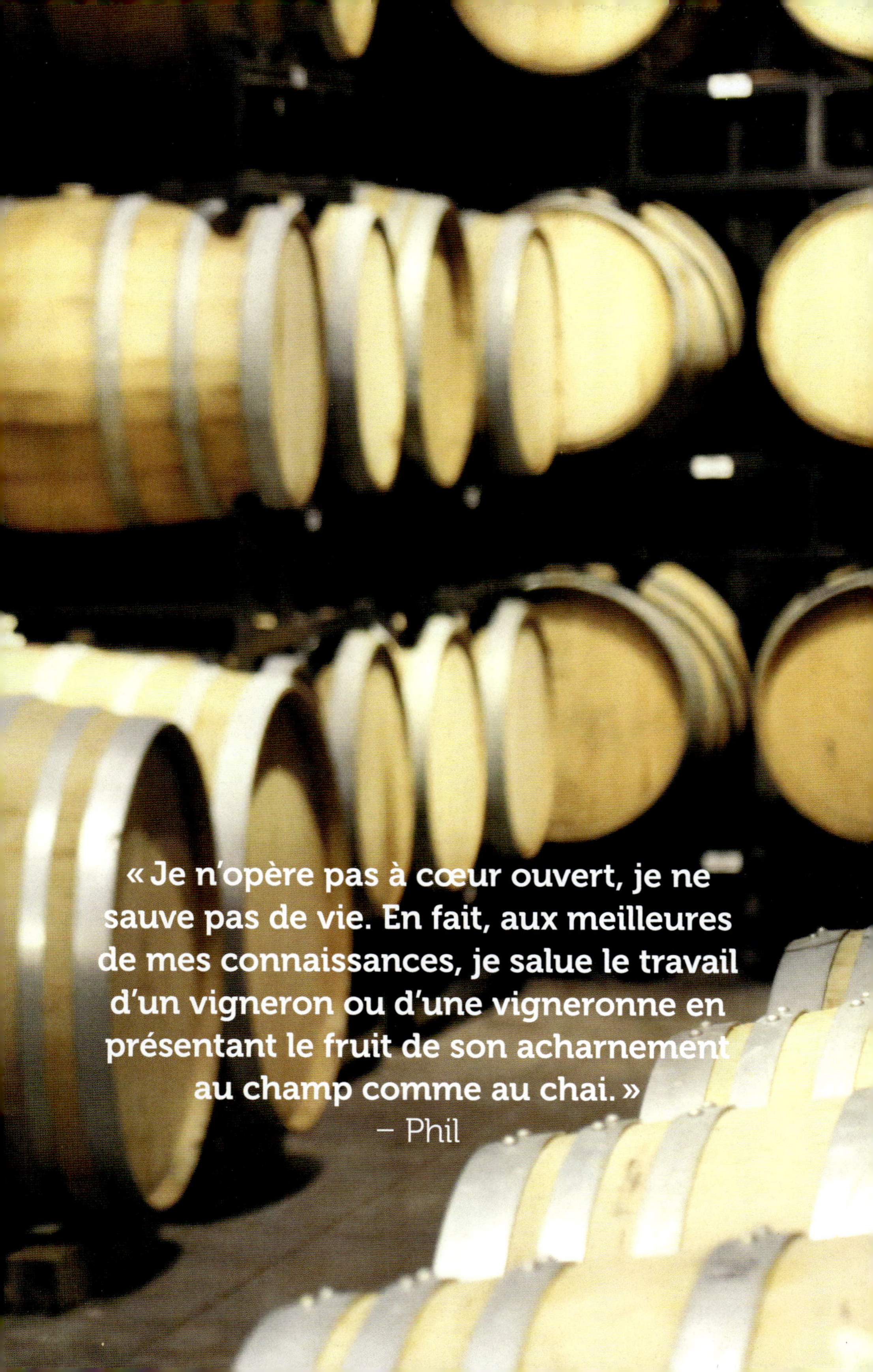

« Je n'opère pas à cœur ouvert, je ne sauve pas de vie. En fait, aux meilleures de mes connaissances, je salue le travail d'un vigneron ou d'une vigneronne en présentant le fruit de son acharnement au champ comme au chai. »

– Phil

DIX
tops 10

« La vie est beaucoup trop courte pour se forcer à boire de vulgaires et squelettiques pinards sans âme ni dimension ! »

– Phil

TOP 10
Vins d'apéro

C'est quoi au juste, un vin d'apéro ? C'est simple, c'est un produit qui est frais, digeste, souple, aérien, sans lourdeur, peu ou pas tannique, sans sucre, sans notes de fût de chêne... Vous voyez ce que je veux dire ? Ce sont des vins qu'on sirote sans se casser le coco, qui sont habiles au 5 à 7, en bordure de la piscine et sur la terrasse, et qui joueront les héros autant en solo qu'avec des canapés de début de repas.

SAUVIGNON BLANC, White Cliff
Marlborough, Nouvelle-Zélande

PRIX	CODE SAQ
15,00 $	13639971

9 416623 330379

KLIMT, Esterhazy
Burgenland, Autriche

PRIX	CODE SAQ
15,15 $	13632066

9 003634 112010

BASA, Telmo Rodriguez
Rueda, Castille-et-León, Espagne

PRIX	CODE SAQ
17,45 $	10264018

8 420759 900017

ALBARIÑO, Paco & Lola
Rias Baixas, Galice, Espagne

PRIX	CODE SAQ
18,40 $	12475353

8 437008 356020

GRIOTTES, Chermette
Beaujolais, France

PRIX	CODE SAQ
19,15 $	11259940

3 760161 290043

GAMAY, Malivoire
Péninsule du Niagara, Ontario, Canada

PRIX	CODE SAQ
19,95 $	11140498

0 786934 426399

FROGGY WINE, Domaine Luneau-Papin
Muscadet-Sèvre et Maine, Loire, France

PRIX	CODE SAQ
20,25 $	13318309

3 471370 526587

ENVOL, Domaine des Huards
Cheverny, Loire, France

PRIX	CODE SAQ
22,40 $	12748278

3 494980 008144

VIN ORANGE CASCA , Joël Delauney
Loire, France

PRIX	CODE SAQ
23,60 $	14070245

3 514319 000011

PREMIÈRE VENDANGE, Henry Marionnet
Touraine, Loire, France

PRIX	CODE SAQ
24,75 $	12517875

3 510170 000092

TOP 10

Vins de mariage et autres réceptions

Pas une journée ne passe sans que quelqu'un m'écrive pour me demander de sélectionner les vins pour son mariage. C'est vachement flatteur de me faire confiance pour cette journée qui sera sûrement l'une des plus belles de votre vie ! Faire boire 100, 150 ou 200 convives sans qu'aucun ne fasse la grimace à chaque gorgée et sans payer une fortune, ce n'est pas facile ! Alors voici des blancs et des rouges sous la barre des 15 $ qui ne vous feront pas honte devant tout ce beau monde !

TERRE À TERRE, Jean-Noël Bousquet
Languedoc, France

PRIX
9,85 $

CODE SAQ
11374391

ARAUCANO RESERVA, Lurton
Vallée Centrale, Chili

PRIX
10,30 $

CODE SAQ
11975073

THE PAVILLION, Boschendal
Western Cape, Afrique du Sud

PRIX
10,65 $

CODE SAQ
12698944

CÔTÉ MAS, Paul Mas
Languedoc, France

PRIX
11,75 $

CODE SAQ
13289510

MAYLINE, Cave de Roquebrun
Languedoc, France

PRIX 12,00 $ | **CODE SAQ** 552505

3 379431 161404

ADEGA DE PENALVA
Dão, Portugal

PRIX 12,30 $ | **CODE SAQ** 13746485

5 606469 000053

COROA D'OURO, Poças
Douro, Portugal

PRIX 12,65 $ | **CODE SAQ** 412338

5 601085 900060

ANGIMBÈ, Cusumano
Sicile, Italie

PRIX 13,70 $ | **CODE SAQ** 11097101

8 028262 000066

FLOR DE CRASTO, Quinta do Crasto
Douro, Portugal

PRIX 13,75 $ | **CODE SAQ** 13604461

5 604123 001507

THE CURATOR, Adi Badenhorst
Western Cape, Afrique du Sud

PRIX 14,20 $ | **CODE SAQ** 12819435

6 009800 591385

TOP 10
Vins rosés

Il y a une dizaine d'années, on pouvait compter les vins rosés offerts sur le marché sur une ou deux mains (j'exagère à peine) ! En 2020, le total de ces vins ni blancs ni rouges représente plus de 250 étiquettes différentes en SAQ ! Vous avez dorénavant l'embarras du choix, car il y en a vraiment pour toutes les papilles. Il y en a des pâles, des sucrés, des rose bonbon, des secs, des ronds, des dodus, des caressants, des pâteux, des sensuels... Bref, comme ailleurs, les meilleurs côtoient souvent les pires. En voici 10 qui sont d'une qualité irréprochable.

PINOT GRIGIO, La Vis
Frioul-Vénétie Julienne, Italie

PRIX	CODE SAQ
12,70 $	12667911

VIEILLES VIGNES, CAZAL VIEL
Miquel
Languedoc, France

PRIX	CODE SAQ
12,70 $	10510354

CONDE VALDEMAR
Rioja, Espagne

PRIX	CODE SAQ
14,40 $	12217821

MOULIN DE GASSAC CLASSIC, Guibert
Languedoc, France

PRIX	CODE SAQ
14,65 $	14396608

ROSELINE, Château Sainte Roseline

Provence, France

PRIX	CODE SAQ
15,30 $	534768

CHÂTEAU GRAND ESCALION, Meffre

Costière de Nîmes, Rhône, France

PRIX	CODE SAQ
17,95 $	12843128

CHÂTEAU LA LIEUE, Vial

Côteaux de Varois en Provence, Provence, France

PRIX	CODE SAQ
18,20 $	11687021

MA BOHÈME, DOMAINE LE PIVE

Vignobles JeanJean

Languedoc, France

PRIX	CODE SAQ
19,95 $	12883672

LES BÉATINES, Domaine des Béates

Coteaux d'Aix-en-Provence, Provence, France

PRIX	CODE SAQ
21,10 $	11232261

WHISPERING ANGEL, Château d'Esclans

Côtes de Provence, Provence, France

PRIX	CODE SAQ
26,95 $	11416984

TOP 10
Champagnes

On attend toujours une grande occasion pour faire sauter le bouchon d'une bouteille de champagne. Pourtant, on pourrait simplement ouvrir un flacon champenois pour créer une occasion, non ? Il est faux de croire que tous les vins effervescents de cette prestigieuse appellation européenne sont de qualité A1, mais nous en avons soigneusement sélectionné 10 qui feront briller les yeux des gens qui vous sont chers.

BRUT, Nominé-Renard
Champagne, France

PRIX 38,75 $ | **CODE SAQ** 14199647

3 486742 311357

BRUT PREMIER CRU, Gardet
Champagne, France

PRIX 42,25 $ | **CODE SAQ** 12398600

3 287111 200117

BRUT, G. Gruet
Champagne, France

PRIX 43,00 $ | **CODE SAQ** 12398642

3 700124 720255

BRUT, Bourdaire-Gallois
Champagne, France

PRIX 48,25 $ | **CODE SAQ** 13430481

3 770008 968011

GRAND CRU BOUZY BRUT, **Barnaut**

Champagne, France

PRIX 55,25 $ **CODE SAQ** 11152958

3 523700 000424

BRUT SOUVERAIN, **Henriot**

Champagne, France

PRIX 58,25 $ **CODE SAQ** 13828931

3 284890 114109

BRUT RÉSERVE, **Taittinger**

Champagne, France

PRIX 59,25 $ **CODE SAQ** 10968752

3 016570 001030

BRUT MAJEUR, **Ayala**

Champagne, France

PRIX 60,00 $ **CODE SAQ** 11553137

3 113841 001000

GRANDE RÉSERVE BRUT, **Gosset**

Champagne, France

PRIX 75,25 $ **CODE SAQ** 10839619

3 353210 012217

CUVÉE 742 EXTRA BRUT, **Jacquesson**

Champagne, France

PRIX 77,75 $ **CODE SAQ** 13116643

3 760079 137478

TOP 10
Vins mousseux

On fait souvent l'erreur de comparer les vins effervescents aux champagnes, mais selon moi, le terroir champenois est tout simplement incomparable. Par contre, de nombreux vins mousseux de qualité pourront faire un candide pied de nez à bien des bulles champenoises commerciales et sans âme... Voici une sélection de 10 festifs et vigoureux vins mousseux de première qualité.

CAVA BRUT, CLOS AMADOR, Pere Ventura
Cava, Catalogne, Espagne

PRIX	CODE SAQ
15,00 $	12888182

8 426998 257547

CAVA BRUT, Parés Baltà
Cava, Catalogne, Espagne

PRIX	CODE SAQ
16,95 $	10896365

8 410439 034354

CAVA BRUT NATURE GRAN RESERVA, Sumarroca
Cava, Catalogne, Espagne

PRIX	CODE SAQ
17,60 $	13408929

8 412766 133625

CAVA RESERVA, 1312, Mestres
Cava, Catalogne, Espagne

PRIX	CODE SAQ
20,40 $	13232581

8 437001 132010

PURETÉ DE SILEX, Vincent Girault
Crémant de Loire, Loire, France

PRIX	CODE SAQ
20,65 $	12486108

3 476989 000169

CAVA, ESSENTIAL, Juvé y camps
Cava, Catalogne, Espagne

PRIX	CODE SAQ
22,80 $	13005847

8 424487 300804

BRUT, CLOS DES DEMOISELLES
Laurens
Crémant de Limoux, Languedoc, France

PRIX	CODE SAQ
22,95 $	10498973

3 760072 420126

BRUT, BLANC DE BLANC
Vitteaut Alberti
Crémant de Bourgogne, Bourgogne, France

PRIX	CODE SAQ
24,50 $	12100308

3 760078 490079

NON DOSÉ, Piuze
Bourgogne, France

PRIX	CODE SAQ
24,95 $	12999181

3 440747 509683

VOUVRAY BRUT, Vincent Carême
Vouvray, Loire, France

PRIX	CODE SAQ
25,45 $	11633591

3 770003 649724

TOP 10
Vins blancs du Québec

C'est de plus en plus difficile de rédiger cette section… Est-ce qu'on a peine à dénicher 10 vins blancs de chez nous qui nous accrochent un sourire au visage ? Vraiment pas, non ! C'est plutôt le contraire : on aurait besoin de deux ou de trois fois plus de place pour inscrire les noms des cuvées québécoises qui nous ont charmés ! Souvenez-vous que l'échelle de production au Québec est moindre comparativement aux autres producteurs de la planète, et que les 10 produits suivants sont souvent offerts au compte-gouttes sur les étagères.

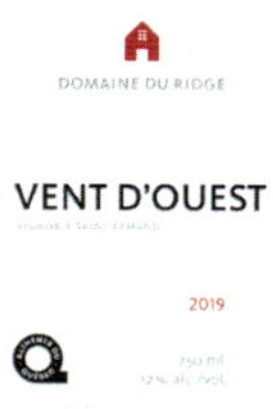

VENT D'OUEST
Domaine du Ridge

PRIX 15,05 $ — **CODE SAQ** 928523

0 827924 037024

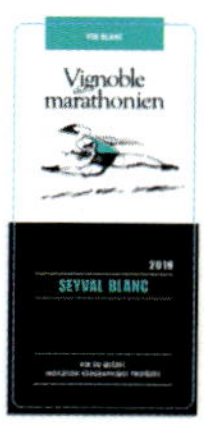

SEYVAL BLANC
Vignoble du Marathonien

PRIX 15,70 $ — **CODE SAQ** 11398325

0 827924 017019

LE 1535
Vignoble Isle de Bacchus

PRIX 16,40 $ — **CODE SAQ** 11957203

0 827924 033019

BLANC
L'Orpailleur

PRIX 16,45 $ — **CODE SAQ** 704221

0 827924 004019

PRÉMICES BLANC

Les Artisans du Terroir

PRIX 16,95 $ **CODE SAQ** 14567593

0 827924 038083

UL

Union Libre

PRIX 16,95 $ **CODE SAQ** 13797979

0 841125 078136

VOILE DE LA MARIÉE

Vignoble de Sainte-Pétronille

PRIX 16,95 $ **CODE SAQ** 733725

0 827924 022013

BLANC

Le Chat Botté

PRIX 18,85 $ **CODE SAQ** 12442498

0 827924 119058

LE CHAUME

Le Mas des Patriotes

PRIX 19,95 $ **CODE SAQ** 12760816

0 827924 112028

ÉVOLUTION

Vignoble de la Bauge

PRIX 20,25 $ **CODE SAQ** 14382337

0 827924 012151

TOP 10

Vins rouges et rosés du Québec

Il y a 10 ou 15 ans, nous buvions des rouges et des rosés québécois en grinçant des dents pour encourager les artisans locaux, et on finissait rarement la bouteille. Cette époque est derrière nous ! Les rouges et rosés de la Belle Province que nous avons goûtés ne nous ont certainement pas tous séduits (loin de là !), mais fiez-vous à ces 10 bouteilles pour vous donner une bonne idée du pas de géant que le Québec a pu faire en moins de 20 ans sur le plan qualitatif.

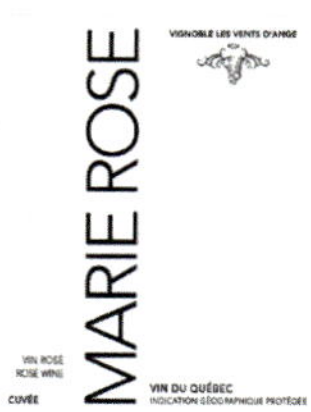

MARIE-ROSE

Vignoble Les Vents d'Ange

PRIX 13,00 $ **CODE SAQ** 12123657

0 827924 076030

ROSÉ

De Lavoie

PRIX 13,55 $ **CODE SAQ** 13953126

0 827924 039912

ROSÉ

La Halte des Pèlerins

PRIX 14,90 $ **CODE SAQ** 11833753

0 827924 072025

VERSANT ROUGE

Coteau Rougemont

PRIX 14,95 $ **CODE SAQ** 12204086

0 859670 001288

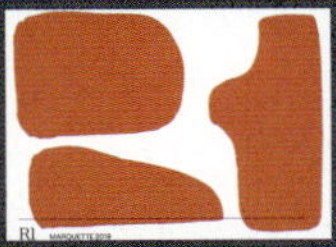

R1
Les Vignes des Bacchantes

PRIX 15,95 $

CODE SAQ 14455436

0 627843 841470

CUVÉE JULIEN
Léon Courville

PRIX 16,50 $

CODE SAQ 10680118

0 827924 059101

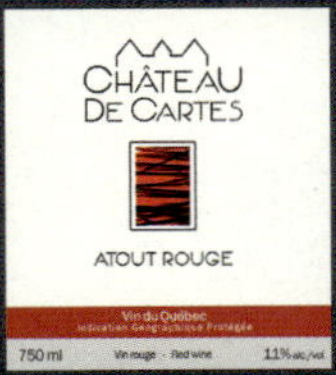

ATOUT ROUGE
Château de Cartes

PRIX 17,75 $

CODE SAQ 13952570

0 615150 986250

PHÉNIX
Vignoble de la Rivière du Chêne

PRIX 19,95 $

CODE SAQ 12445074

0 827924 036249

PINOT NOIR
La cantina

PRIX 24,95 $

CODE SAQ 13952941

0 827924 036317

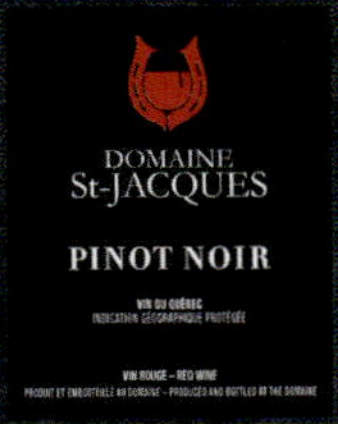

PINOT NOIR
Domaine St-Jacques

PRIX 25,95 $

CODE SAQ 13023172

0 827924 079130

TOP 10

Vins blancs de garde ou à offrir en cadeau

On a tous un oncle, une cousine, un beau-frère ou un ami qui possède une belle cave à vin ou un cellier bien garni. Quand vient le temps de lui offrir un cadeau, on se dit qu'il a déjà tout et on se demande comment le ou la surprendre. Mathieu et moi avons donc choisi une dizaine de flacons de blancs plus rares, moins connus et plus haut de gamme pour ce type d'occasion. Que ce soit pour offrir ou se faire plaisir, voici une sélection de «beaux jus» pour vous.

SCHISTE, Domaine de l'Écu
Muscadet-Sèvre et Maine, Loire, France

PRIX 20,05 $ **CODE SAQ** 13807102

0 829190 100228

CHABLIS SAINT MARTIN, Domaine Laroche
Bourgogne, France

PRIX 25,90 $ **CODE SAQ** 114223

3 292060 010045

VOUVRAY SEC, Vincent Carême
Loire, France

PRIX 28,55 $ **CODE SAQ** 11633612

3 770003 649328

RIESLING SÉLECTION DE VIEILLES VIGNES, Trimbach
Alsace, France

PRIX 43,50 $ **CODE SAQ** 13670960

3 760105 300746

SAVAGNIN OUILLÉ, Rolet Père et Fils
Arbois, Jura, France

PRIX 33,25 $ **CODE SAQ** 14400152

CHABLIS 1er CRU VAULIGNOT, Louis Moreau
Bourgogne, France

PRIX 34,35 $ **CODE SAQ** 480285

HANDS OF TIME, Stag's Leap
Vallée de Napa, Californie, États-Unis

PRIX 39,75 $ **CODE SAQ** 13992643

DOMAINE DU VIEUX LAZARET, Jérôme Quiot
Châteauneuf-du-Pape, Rhône, France

PRIX 40,75 $ **CODE SAQ** 13047633

LE CLOS DE BANNON, Domaine Fouassier
Sancerre, Loire, France

PRIX 31,25 $ **CODE SAQ** 13323440

THE FMC, Ken Forrester
Western Cape, Afrique du Sud

PRIX 61,50 $ **CODE SAQ** 10703033

TOP 10

Vins rouges de garde ou à offrir en cadeau

Vous cherchez LA fiole à offrir en cadeau à l'amoureuse ou l'amoureux du vin ? Ou encore la bouteille qui pourra patiemment somnoler quelques années dans votre « cachette secrète » ? Voici des choix qui feront plaisir aux mordus de bons « jus de raisin » fermentés ! Notez que les quantités de ces produits sont plutôt restreintes. Il sera important de vérifier les disponibilités en magasin sur le site de la SAQ pour éviter de vous déplacer pour rien !

CHÂTEAU DE HAUTE-SERRE, Georges Vigouroux

Cahors, Sud-Ouest, France

PRIX	CODE SAQ	
25,85 $	947184	3 275843 090021

MODUS, Ruffino

Toscane, Italie

PRIX	CODE SAQ	
29,10 $	11442664	8 001660 104758

CHÂTEAU MONTUS, Alain Brumont

Madiran, Sud-Ouest, France

PRIX	CODE SAQ	
29,60 $	705483	3 372220 150016

CHÂTEAU BEL ORME TRONQUOY DE LALANDE

Haut-Médoc, Bordeaux, France

PRIX	CODE SAQ	
31,10 $	126219	3 419466 201352

CHÂTEAU GARRAUD

Lalande-de-Pomerol, Bordeaux, France

PRIX 32,35 $ — **CODE SAQ** 978072

3 391262 012014

LUCENTE, Luce della Vite

Toscane, Italie

PRIX 34,10 $ — **CODE SAQ** 860627

8 002366 100938

POMEROL, Jean-Pierre Moueix

Pomerol, Bordeaux, France

PRIX 35,35 $ — **CODE SAQ** 739623

3 328155 003972

AMARONE DELLA VALPOLICELLA, Remo Farina

Valpolicella, Vénétie, Italie

PRIX 39,35 $ — **CODE SAQ** 10271904

0 400009 959109

RISERVA DUCALE ORO, Ruffino

Chianti Classico, Toscane, Italie

PRIX 47,00 $ — **CODE SAQ** 11517380

8 001660 130054

BRUNELLO DI MONTALCINO, Barbi

Brunello di Montalcino, Toscane, Italie

PRIX 49,85 $ — **CODE SAQ** 11213343

8 008003 939312

TOP 10
Vins mutés et liquoreux

Vous cherchez une sucrerie pour satisfaire les papilles de votre bien-aimé(e) avec une crème brûlée, une terrine de foie gras ou une tarte aux petits fruits ? Voici pour vous une sélection de flacons ayant du sucre résiduel. Des vendanges tardives, des vins mutés à l'alcool, des vins de glace... Bonne fin de soirée les tourtereaux !

LATE HARVEST, Luis Felipe Edwards
Vallée de Colchagua, Chili

PRIX	CODE SAQ
13,60 $	11904460

7 804414 002604

UROULAT, Charles Hours
Jurançon, Sud-Ouest, France

PRIX	CODE SAQ
19,50 $	709261

3 760091 251213

VINTAGE, Mas Amiel
Maury, Roussillon, France

PRIX	CODE SAQ
23,05 $	733808

3 281540 032141

PASSITO, Carlo Pellegrino
Pantelleria, Sicile, Italie

PRIX	CODE SAQ
23,55 $	742254

8 004445 454109

MUSCAT DE RIVESALTES, Cazes

Muscat de Rivesaltes, Roussillon, France

PRIX	CODE SAQ
26,10 $	961805

PETIT GUIRAUD, Château Guiraud

Sauternes, Bordeaux, France

PRIX	CODE SAQ
28,60 $	11651642

VIN DE GLACE, Domaine des Salamandres

Québec, Canada

PRIX	CODE SAQ
33,60 $	11343607

PORTO COLHEITA, Feist

Douro, Portugal

PRIX	CODE SAQ
36,00 $	734632

VIN DE GLACE, Inniskillin

Péninsule du Niagara, Ontario, Canada

PRIX	CODE SAQ
49,05 $	551085

MOULIN TOUCHAIS

Coteaux du Layon, Loire, France

PRIX	CODE SAQ
57,25 $	11177418

« Derrière chaque bouteille, il y a un homme, une femme, une famille, des générations, une histoire, une anecdote, une tradition, un secret… C'est ce qui me fascine autant, et c'est exactement ça, ma job de marchand de bonheur : aller chercher l'histoire de ce vin et vous la raconter. »

– Phil

Remerciements

Dans les prochaines lignes, je vais essayer de ne pas oublier les gens qui nous aident et qui, beau temps mauvais temps, rament avec nous dans la chaloupe.

Je lève mon verre à Caty Bérubé ainsi qu'à toute l'équipe de Pratico Édition qui a cru en nous dès notre première rencontre. C'est avec de la confiance qu'on fait de belles choses, on vous dit donc un gros merci d'avoir sauté dans cette aventure avec nous pour la rédaction, l'impression et la promotion de ce 10e *Lapeyrie*.

Le gars qui écrit ces lignes est un double zéro en business. Il n'est pas capable de parler d'argent ni de gérer des contrats. Par contre, il sait faire équipe avec les meilleurs. C'est donc pour cette raison que depuis plusieurs années, il est représenté par Sonia Gagnon de l'agence montréalaise du même nom. Une perle rare qui me conseille, qui me représente, qui m'écoute et qui m'enligne vers les bonnes décisions professionnelles. Marie-Hélène Avon et Sonia, la vie est tellement plus facile à vos côtés. Merci les belles dames d'être toujours là!

Merci aussi à la dynamique, professionnelle et efficace équipe de Brouillard à Québec qui fait la pluie et surtout le beau temps pour organiser de percutants lancements ainsi que de si plaisantes tournées promo aux quatre coins du Québec, qui nous font vendre des tonnes de copies.

Le *Lapeyrie*, c'est avant tout une équipe. Un groupe d'amoureux du vin, mais aussi et surtout des amis qui aiment bien tirer sur des bouchons en rigolant à pleins poumons. Celui qui déguste près de 2000 vins annuellement avec moi et qui m'endure de 2 à 3 jours par semaine, c'est Mathieu Saint-Amour, le sommelier du restaurant l'Échaudé à Québec. Merci Mat pour ton «pif» aiguisé au quart de tour et ton amitié sans cesse grandissante! Celui qui élabore, façonne et rédige les harmonisations mets-vins avec brio, c'est Yannick Beaulieu. Il est le maître d'hôtel et le sommelier de l'Auberge de la Pointe dans le Bas-Saint-Laurent. Assurément l'un des meilleurs en province en ce qui a trait aux mariages entre les plats et les vins! Merci *buddy* de nous en mettre plein les babines avec tes divines unions à table! Ce bouquin n'aurait jamais été sur le marché sans l'aide précieuse du grand Mario Landry, le directeur des ressources humaines du cégep de Rivière-du-Loup. Un homme droit, fidèle, travaillant, terre à terre et jamais déstabilisé devant une situation. Il donne des centaines d'heures annuellement pour m'épauler à travers ce livre, mais également avec mes mille et un projets. T'es *hot* Super Mario, et TOUT le monde t'adore! Pascale Labrecque passe ma rédaction au peigne fin depuis la toute première mouture en 2010. Elle s'assure que tout soit *top notch*. On est donc un quintet de passionnés du vin qui tient mordicus à vous offrir une solide sélection des meilleures bouteilles, année après année.

Merci à ma famille qui, depuis 20 ans, m'accepte avec cet horaire fortement intense. Ma maman Michèle, ma sœur Édith, ses deux filles, mon beau-frère Stéphane, mon beau-père Jean-Denis, la famille Lapeyrie à Rosemère ainsi que la famille du côté de ma maman qui a la chance d'habiter sur la plus belle île de la planète vin, la Corse.

Je dis souvent que je ne travaille pas vraiment, que je m'amuse. C'est vrai, j'ai une job de rêve, car je déguste des vins, j'en parle à la radio et à la télé, et j'écris sur le sujet dans mes livres. C'est très *cool*, et je suis entièrement conscient de la chance que j'ai de le faire. Merci à mes amis et collègues de *Salut Bonjour* et de *Salut Bonjour Week-end*, avec qui je collabore toutes les semaines depuis le «millésime» 2007. C'est aussi avec beaucoup de plaisir que je jase de vin hebdomadairement sur toutes les antennes radio du réseau Rouge FM, à Énergie ainsi qu'à Boom FM. Les 18 dernières années ont été fantastiques à vos côtés, et j'espère sincèrement que l'histoire d'amour radiophonique perdurera encore longtemps. En 2002, l'École hôtelière de la Capitale m'avait donné ma chance en tant qu'enseignant à l'ASP en Sommellerie. Près de deux décennies plus tard, j'offre encore des cours de façon sporadique dans ce merveilleux établissement scolaire de Québec. Merci à la direction ainsi qu'aux collègues enseignants de ce prestigieux établissement scolaire de me faire une place.

Cette «vie de fou» qui tourne à cent à l'heure depuis la première année, je l'aime. Je suis un gars d'action qui n'a pas peur d'agir sous pression. Comment avoir l'énergie et la motivation pour continuer et toujours persévérer? La réponse est toute simple: Pascale, Théo et Thomas. Mes trois amours. Ces humains me stimulent, me revigorent, me remplissent de vitamines, m'orientent, m'inspirent… Vous faites de moi un papa et un amant heureux et comblé. Jour après jour, je crois devenir un meilleur homme à vos côtés. Quand vous êtes là, tout est possible et rien ne peut m'arrêter. La 10e mouture de ce livre est entièrement dédiée à vous trois, la famille. MA famille. Je vous aimerai pour toujours.

Index

BLANCS

ROUGES

ROSÉS

VINS DU QUÉBEC

CHAMPAGNES & MOUSSEUX

MUTÉS ET LIQUOREUX

VINS DE GARDE OU À OFFRIR EN CADEAU

Table des matières

PRATICO
EDITION